담벼락에 대고
욕이라도

담벼락에 대고 욕이라도

초판 1쇄 발행 | 2014년 3월 19일

지은이 이명원
발행인 이대식

편집주간 이숙
책임편집 나은심 **편집** 김화영 최하나
마케팅 임재홍 윤여민 정우경 **관리** 홍필례
디자인 모리스

주소 서울시 종로구 평창길 329(우편번호 110-848)
문의전화 02-394-1037(편집) 02-394-1047(마케팅)
팩스 02-394-1029
홈페이지 www.saeumbook.co.kr
전자우편 saeum98@hanmail.net
블로그 saeumbook.tistory.com

발행처 (주)새움출판사
출판등록 1998년 8월 28일(제10-1633호)

ⓒ 이명원, 2014
ISBN 978-89-93964-73-8 03300

담벼락에 대고 욕이라도

이명원

새흙

저자의 말

서른 즈음부터 일간지에 칼럼을 썼다. 애초에는 문학칼럼을 쓰는 데 집중하고자 했지만, 시간이 갈수록 현실에 대해 말하는 일이 늘어갔다. 문학의 대상이 인간이고 현실이니까, 그것은 자연스럽고 필연적인 경로였다고 생각한다.

그러나 시사비평가라든가 경제평론가 혹은 정치평론가가 쓰는 칼럼과 인문학자가 쓰는 칼럼은 달라야 했다. 인간과 세계를 '구조'의 차원에서 바라보면, 뭔가 투명하게 현실이 이해되는 것처럼 느껴진다. 하지만 그것은 '오인'이다. 나는 구조의 압도적인 규정력에 대해 잘 알고 있지만, 그것을 나쁘게도 아름답게도 변형시키는 행위자로서의 인간, 그 가운데서도 사람의 '감정'과 '마음'의 문제에 대해 골똘하게 생각하곤 했다.

나는 칼럼을 쓰면서 항상 소설가 루쉰의 내면적 어둠에 대해 생각했다. 그는 현실과의 타협이랄지 화해라는 걸 몰랐으며, 송곳처럼 나태한 대중들의 마음을 들쑤셨고, 죽음에 이르기까지 비타협적으로 절망했다. 이 절망의 비타협성이 희망의 다른 이름이라는 것을 알 것 같다.

그렇다고 내가 루쉰처럼 날카롭게 연필심을 깎았는가 하면, 그런 것이 아니고 지극한 혼돈과 절망으로 이행하는 현실 앞에서, 지도 없는 여행자처럼 안간힘을 내며 앞으로 나아갔다. 내가 글을 쓰는 시간과 장소, 변화의 도정에는 가난하고 비통하고 무력하고 고통스러운 삶의 풍경이 도처에 가득했다.

나 자신이 그 풍경의 일부일 때도 있었고, 때로 관찰자일 때도 있었다. 그럼에도 불구하고 나는 그 풍경의 내부를 방전시키는 마음의 전류에 감전되는 일을 포기할 수 없었다. 침묵하고 있는 사람들의 '입'은 언제 열리는가. 조리 있는 분절음을 발성하지 못한다 할지라도, 담벼락에 대고 '욕'이라도 해야 하는 게 아닌가.

시대의 어둠이 깊어졌다. 하지만 어둠이 깊을수록 별이 빛난다는 역설을 믿고 싶다. 시인이여 기침을 하자, 라고 책 제목을 정하려다, 시대의 기후를 생각하니 이런 제목이 낫다 싶었다. 이제 슬슬 겨울잠에서 깨어날 시간.

2014. 3. 7. 동교동에서 쓰다.

1장 각하, 문학을 읽으십시오

2장 바보야, 문제는 사람이야

1장

각하,
문학을
읽으십시오

자전거와 남성합창

    오랫동안 몸을 잊고 있었다. 원고지와 씨름하고 시국을 한탄하다 보니 느끼는 것은 한숨과 술잔뿐. 어찌 비관주의가 일용할 양식이 될 수 있으랴. 몸을 바꾸지 않고는 나약하고 창백한 먹물의 우울만이 깊어가리.

    싸구려 자전거를 두 대 샀다. 아내 것은 장보기용 바구니를 달았고, 내 것에는 뒷자리에 짐을 실을 구조물을 설치했다. 주말이면 자전거를 타고 홍제천을 따라 한강까지 달렸다. 한강은 혼탁했고 악취는 때로 괴로웠지만, 바람을 가르는 일은 즐거웠다. 망원동의 휴게소에서 캔맥주를 하나 사 강변을 바라보며 마셨다. 어지러운 세상 얘기는 서로가 금했다. 여유 있는 실존은 어려워도, 게으른 관조는 가능한 게 아닌가. 땀 흘리는 희열을 회복하는 데는 오래 걸리지 않았다.

    월요일이면 혜화동의 오래된 모교의 음악실을 찾았다. 그곳에서 이제는 낯설어진 악보를 복기하며 노래를 불렀다. 환갑이 가까워진 선배가 "이젠 한 시간의 합창연습도 힘들어" 하고 말했다. 시간이 더디게 간다는 것이다. 악보 속의 사성부를 발성하는 단원들의 머리는 백발부터 병사의 까까머리까지 다양했다. 기자와 트럭운전사, 문학평론가와 제약회사 직원이 발성하는 하모니는 아름다웠다. 십대에 시작한 남성합창의 추억이 그들을 이 자리로 끌어당겼다. 즐거운 인생은 아닐지라도, 그들의 성대가 뿜어내는 소리는 의연했다.

자전거를 타면서 몸이 배우는 것은 균형감각이다. 그것은 닭 가슴살 먹으며 울퉁불퉁한 근육을 살찌우는 일과는 거리가 멀다. 남성합창단의 베이스 단원이 몸으로 배우는 것은 미묘한 리듬의 변용과 성부가 다른 음들을 포개는 데서 가능해지는 조화다.

그러나 노동의 공간에서 이 침착한 쾌락의 내면화는 허용될 기미를 보이지 않는다. 생존에 강박된 노동에 대한 공포는 정규직 여부를 떠나, 인간됨의 유력한 표지일 관조와 성찰을 차단한다. 오로지 생존만이 문제가 된다면, 우리는 이미 지옥의 문 앞에 와 있다.

문화는 사치스러운 것일까. 그럴 수도 있다. 자전거를 타면서도 굳이 신발부터 헬멧, 고가의 미끈한 운동복을 사서 떼 지어 라인을 질주해야만 성미가 풀리는 사람들의 대열은 그것을 잘 보여준다. 그렇게 잘 차려입은 사람들이 우측통행 안 한다고 욕지거리를 하면서 자전거를 타는 풍경은 한강에서도 흔한 것이다.

문화는 사치스러운 것일까. 아닐 수도 있다. 자전거를 타고 온 젊은 부부가 망원동의 잔디밭에서 맥주를 마시며 소박한 호사를 누릴 시간을 늘리기 위해 우리는 민주주의를 말하는 것이다. 백발의 노인들이 비둘기처럼 거리를 배회하지 않고 낡은 음악실에서 악보를 넘겨가며 정확한 음정을 발성하기 위해 애쓰는 데서 회복되는 것은 인간됨의 품위다.

자전거 페달을 돌리는 일이나 절대음감을 회복하기 위한 반복적인 발성에서 공통적으로 훈련되는 것은 들숨과 날숨이다. 그러나 이 예외적인 호흡의 리듬과 도시에서의 생존의 리듬은 화해하지 못하고 따로 논다. 그러나 페달은 돌리라고 말하고, 성대는 울리라고 권유한다. 몸의 호소를 경청해야 한다. 2009. 7. 24.

모욕감을
드립니다?

　오늘의 한국 사회가 민주주의에 정면으로 역행하고 있다는 사실에 대해 이의를 제기할 사람은 거의 없다. 문제의 핵심에 있는 것이 대통령과 청와대라는 사실 역시 분명하다. 그러나 들끓는 여론과 무관하게 정부는 좌고우면하지 않겠다는 엉뚱한 고사성어를 남발하고 있다. 불통의 벽 앞에서 국민들은 모욕감에 치를 떨고 있다.

　모. 욕. 감. 이것이야말로 MB정권이 일관되게 국민들을 대하는 방식이다. 이 정권이 성립된 이후 임기가 보장되어야 할 공직에서 추방된 사람들이 끝없이 시달려야 했던 것은 모욕감이었다. 노무현 전 대통령의 갑작스러운 서거는 이 정부 들어 팽배하고 있는 모욕을 통한 제도적 폭력의 위험스러운 수위를 가감 없이 보여준다.

　용산에서 죽어간 철거민들은 사후에도 거듭 가해지는 모욕감에 치를 떨고 있다. 이른바 사회지도층이 연루된 탤런트 장자연 씨의 죽음 역시 모욕감을 빼고는 설명하기 어렵다. 화물연대 조합원이었던 박종태 씨의 죽음 역시 모욕감에서 자유롭지 않다. 이 죽음들은 죽음을 통해 인간다운 존엄과 품위를 증명하고자 한 데서 온 것이다. 그만큼 망자들에게 가해졌던 모욕감이 얼마나 치명적인 것인지 우리는 반문하게 된다.

이 정부가 들어선 이후 사실상 모욕감은 일상화되었다. 지난해 촛불정국을 관통하면서 국민들에게 가해진 공권력의 모욕적인 행태는 더욱 강도를 높여가고 있다. 공권력이 자행하는 국민들에 대한 모욕은 상상을 초월한다. 경찰은 국민들에게 거리낌 없이 색소 분사기를 난사한다. 한때는 시위대를 검거하면 '특별수당'을 지급하겠다고 해 '인간사냥'이라는 여론의 질타를 받기도 했다. 영정사진을 짓밟는 등 망자들에 대한 계속되는 모욕도 빠질 수 없다.

한국의 민주주의를 진심으로 우려하는 서울대와 중앙대 교수들의 시국선언이 발표되자 청와대의 핵심 관계자는 "서울대 교수가 몇 명인 줄 아나?"라는 말로 지식인들을 모욕했다. 하긴 전직 대통령조차 마음 놓고 조롱하고 모욕하는 사회에서, 모욕감에서 자유로울 수 있는 사람이 과연 누구이겠는가.

그러나 이 정부가 국민을 제도로서 모욕하면 할수록 정권의 정당성은 내부에서 붕괴한다는 사실을 알아야 한다. 아니 이미 그것은 시작되었는지도 모른다. 국민에게 거듭 제도적 모욕을 가하고 있는 정부에 '소통'을 요구하는 것은 차라리 연목구어에 가까울 것이다.

지난 민주화 시기 한국 사회가 성숙시켜온 민주주의는 뿌리째 흔들리고 있다. 국민들의 자존심과 자부심은 붕괴하고 있는 대신 모욕감은 압력을 더해 팽창하고 있다. 인간의 존엄성은 입에 담을 수 없는 명제가 되고 있고, 사회정의는 사어死語 사전에 등재될 날이 멀지 않았다. 이 정부에 국민들은 이제 완전히 등을 돌리고 있다. 그런데도 등 돌린 민심에 대고 모욕을 그치지 않는 위정자들의 독선과 오만은 오히려 하늘을 찌르고 있다.

그러나 국민들이 찾아야 할 것은 단지 민주주의에 그치지 않는다. 민주주의의 복원을 넘어 인간됨의 존엄을 회복해야 한다. 존엄을 넘어 사람됨의 품위를 회복해야 한다. 모욕감으로 팽배해 있는 뒤틀린 현실을 넘어, 자존감과 자부심으로 빛나는 '품위 있는 사회'에 대한 열망을 실현해야 한다. 모욕감을 참아서는 안 된다. 우리가 괴물이 아니라면. 2009. 6. 16.

경상도 장모님과 지구인 사위

　강의를 종강하면서 홀가분한 표정의 대학생들에게 마지막 인사를 했다. "여러분과 내가 또 만날 수 있을지는 알 수 없다. 그러나 지구는 둥그니까 언젠가 우리는 한번쯤 만나게 될 확률이 높다." 홀가분한 표정이 엉뚱해졌다. 그리고 이렇게 덧붙였다. "여러분은 지금 좁은 강의실에 앉아 있지만, 미래의 여러분이 살아가야 할 삶의 장소는 지구다. 여러분이야말로 지구인의 윤리에 대해 첨예하게 고민할 거의 첫 세대가 될 것이다." 여전히 갈피를 못 잡는 표정이었지만, 몇몇 학생들의 표정이 사뭇 진지해졌다.

　우리는 한국인으로 살고 있는 것과 동시에 지구인으로 살 준비를 해야 한다. 세계화로 일컬어지는 전환기의 문명을 살고 있는 삶의 변화가 그것을 증거한다. 오늘의 대학생들이 한국 사회의 주동 세대로 등장하는 20년 후가 되면, 지구인의 정체성과 윤리에 대한 고민은 매우 절실한 문제가 될 것이다.

　일본의 비평가 가라타니 고진은 지구인으로 살기 위한 지성인의 고민을 다음과 같은 세 가지 문제로 요약한 바 있다. 첫째, 전 지구적 환경생태의 문제. 둘째, 전 지구적 차원에서 진행되는 부의 양극화 문제. 셋째, 전 지구적 수준에서 재앙을 초래할 가능성이 높은 전쟁 예방의 문제.

우리는 한국인으로 살고 싶지만, 그것이 가능하기 위해서라도 지구인으로서의 윤리에 대해 고민해야 한다. 세계화는 시간과 공간을 압축시키는 것과 동시에 지구적인 삶의 기반 모두를 도미노처럼 내밀하게 연결시킨다. 따라서 우리는 지구인으로서의 공동의 정체성과 윤리, 심지어는 공동의 위기의식과 문제 해결 능력을 불가피하게 모색하는 세기의 주인공이 될 수밖에 없다. 강의는 이렇게 끝났다.

그러나 우리는 과연 지구인이 될 수 있을까. 오랜만에 사위와 함께 삼겹살을 구워 드시며 정치권 뉴스를 보시던 장모님이 뜬금없이 일갈하셨다. "내가 전라도 사람을 미워하는 게 아니다. 그런데 전라도는 왜 저 모양이냐. 이번 선거에서도 몰표를 던지는 거 아니냐?" 아내가 장모님에게 눈치를 주자, 순간 장모님의 표정이 자못 미묘해졌다. 장모님은 경남 김해가 고향이고 부산에서 성장하셨다. 처가 쪽의 친척들은 모두 부산에 계셨는데, 자연히 침전된 지역감정으로부터 자유롭기는 어려우신 게다.

내 부친의 고향은 일본의 나고야인데, 해방 후 한국에 들어와 성장한 곳이 전남 완도였다. 장남인 나는 서울에서 출생했지만, 장모님의 생각에는 사위 역시 전라도 사람이었다. 내 아내 역시 서울에서 나고 성장했지만 장모님 생각에는 경상도 사람이었다. 내 부친 역시 아내를 처음 보게 된 때에 장모님의 고향이 경상도라는 사실에 자못 민감한 표정을 지었다. "어머님이 김해 분이시라고?" 그러고는 한참 침묵하셨는데, 그 침묵 속에는 역시 많은 뜻이 담겨 있는 듯했다.

머리로는 지구인을 꿈꾸지만, 아내와 내가 생활 속에서 겪게 되는 소소한 갈등 중에는 이 양가 부모님들의 지역 정체성이 야기하는 미묘한 갈등에 대한 긴장감이 얼마간 있다. 그것은 평소에는 잠복해 있다가, 예민한 정치적 문제가 솟아오르면 머리를 내미는 지뢰와 같은 것이다. 그런데 서울내기인 우리 부부의 태도란 어떤가 하면, 일종의 '용광로 일상정치'를 추구하는 편이다. 그 이유는 이렇다. 장인어른은 연천 이북에서 월남한 실향민이고, 내 어머님은 경기도가 고향이다. 그렇게 보면 우리 집안은 나고야, 서울, 경상도, 전라도, 경기도, 이북 등의 지역 정체성이 고르게 혼합된 집안이다. 그러니 우리 부부의 정체성이란, 이 이질적인 지역과 문화가 혼합된 용광로일 수밖에.

삼겹살이 든 상추쌈을 각자 한 손에 쥐고, 또 다른 손에는 소주잔을 쥔 채로 아내와 나는 장모님께 건배를 제의한다. "지구인을 위하여!" 영문 모르는 장모님은 오늘따라 고기 맛이 참 달다며 흐뭇하게 술잔을 넘기신다. 그러면서 하시는 말씀 "이 서방, 경상도 장모 참 좋지?" 속으로 나는 이렇게 말한다. '장모님, 지구인 사위는 어떻습니까?' 2007. 7. 8.

안녕,
우리들의 노짱

흐린 눈으로 당신의 서거 소식을 발견했을 때, 그것은 너무도 비현실적인 것이어서 믿을 수 없었습니다. 황혼 녘에야 날기 시작한다는 미네르바의 올빼미도, 스스로를 증명하기 위해 에트나 화산에 몸을 던진 엠페도클레스도 아니건만, '바보 노무현'이 그토록 허망하게 우리 곁을 떠날 수 있다는 사실을 받아들이기가 결코 쉽지 않았습니다.

그렇습니다. 당신은 삶을 종결짓는 그 순간조차 바보다운 엄격성에서 자유로울 수 없었던 것인지도 모릅니다. 당신에게서 치욕을 견디며 노회하게 와신상담하는 정치가의 모습을 요구하는 일은 어쩌면 모순인지도 모르겠습니다. 우리가 사랑했던 '바보 노무현'은 국회의원답지 않게 비열한 증인에게 명패를 집어던지고, 품위를 고려하지 않는 구어체의 직설화법을 즐기며, 아내를 버리느니 정치를 그만두겠다고 반문하는 그런 정열이 살아 있는 사람이었으니까요.

그러니까 우리는 당신의 그런 비정치적 면모를 사랑하고 열광하기까지 했으면서도, 다른 한편에서는 흔해빠진 정치인다운 경륜과 품위와 때로는 정략적 사고도 요구하는 이중구속에 가까운 요구를 당신에게 해왔던 것인지도 모르겠습니다. '바보 노무현'에 대해서는 열광했지만, '정치인 노무현'에 대해서는 싸늘했으며, 당신이 막다른 고민의 장막 안에서 괴로워할 때에도, 세속적인 우리들은 '어떤 반전의 카드가 있을 거야' 하는 식의 정략적 사고에 도리어 익숙했던 것인지도 모릅니다.

그러나 당신이 우리를 떠나가는 것과 동시에 우리 세대의 청춘도 종언을 고했다는 생각이 듭니다. 회고해보니, 우리의 삼십대는 당신과 함께 시작했고 저물었습니다. 당신의 대통령 선거 전날, 우리는 잠을 이루지 못했습니다. 지금은 한나라당에 가 있는 한 정치인의 배신 앞에서 우리는 절망했으며, 그래서 밤을 새워 가족을 이끌고 투표장에 가는 오기를 부리기도 했지요.

그렇게 당신이 대통령이 되었지만, '바보 노무현'을 대통령으로 인정하지 않는 세력들은 도처에 가득했습니다. 촛불을 들고 우리는 다시 광장에서 응원했고, 당신은 다시 대통령의 자리로 귀환했지만, 대체로 당신은 무기력해 보였습니다. 애초에 당신을 인정하지 않았던 기득권 세력들의 조롱은 더욱 우악스러워졌고, 당신이 '바보 정신'을 저버렸다고 비판하면서 지지에서 냉소로 전향하는 사람들도 늘어만 갔습니다.

당신이 한나라당에 통째로 권력을 내놓을 수도 있다고 말했을 때, 저도 분노했던 것이 사실입니다. 노무현은 한 개인이 아니라 시대가 만들어낸 열망이었고, 그 열망에 부응하는 일은 정치민주화와 경제민주화 모두를 실질적으로 완성시키는 데 있다고 믿었기 때문입니다.

그러나 대통령직에서 은퇴한 당신이 다시 '바보'의 자리로 돌아와 '사람 사는 세상'을 꿈꾼다는 사실은 분명한 희망이었습니다. 저는 당신의 그 소탈한 귀향과 죽음에 이르기까지 고민했다는 '진보'에 대한 암중모색이 열매 맺기를 기원했습니다. 그러나 이 괴상한 정부가 들어선 이후의 정치적 기후는 암담하고 또 절망적이었습니다. 봉하로 몰려가고 있던 시민들은 당신에게서 희망의 근거를 찾고 싶어했고, 이 정부는 그것이 소름 끼치게 두려웠을 것입니다.

고백하건대, 당신의 정치 인생 시작과 우리 청춘의 시작은 죽음으로 충만했습니다. 이십대가 시작되자마자 강경대가 죽었고 김귀정이 죽었으며 박승희가 죽는 식으로, 우리의 청춘은 비만한 죽음으로 시작되었죠. 삼십대의 끝에서 당신의 죽음에 다시금 직면했으니, 저와 같은 세대는 청춘의 시작과 종언이 온통 죽음으로 가득 차 있는 셈입니다.

우리의 청춘기는 사실상 죽어간 친구들에 대한 부채감으로 가득한 것이었습니다. 당신의 존재는 그런 납덩어리 같은 부채의식과 시대에 대한 책임감이 찾아낸 열망의 형식이었습니다. 이제 삼십대의 끝에서 당신의 죽음을 보았습니다. 살아남은 자의 부채감은 우리 삶의 본질이 된 셈이지만, 희망은 더욱 단단해져야겠습니다. 당신이 그곳에서 행복하기를 기원합니다. 안녕, 노짱. 2009. 5. 29

　박근혜 정부가 처음 출범했을 때, 한 시사주간지에서 대통령에게 권하고 싶은 책을 소개해 달라는 원고 청탁이 왔다. 그때 나는 소포클레스의 『오이디푸스 왕』을 읽어볼 것을 권유했다. 권력과 정의, 인류와 원한의 문제를 이 작품처럼 치밀하게 묘사한 작품은 없었기 때문이다.

　누군가 좋은 책 없냐 하면, 나는 소포클레스의 『오이디푸스 왕』을 추천하곤 한다. 모든 그리스 비극이 그러하듯, 주인공 오이디푸스 왕의 몰락은 오만함hubris에서 왔다. 그는 역병이 들끓고 선왕이 사라진 테베 왕국의 혼란을 자신이 완벽하게 풀 것이라고 말했다. 오이디푸스 왕은 도덕주의자인 동시에 법치주의자였다. 특히 국가 기강 문란 및 반인륜 범죄에 대해 엄격했는데, 이런 일이 발생한다면 자신은 물론 그 누구라도 엄벌에 처할 것임을 단언했다. 특히 '선왕'을 죽인 자는 끝까지 추적해 그 '원한'을 풀 것이라 '공언'했다.

　그때 이 말을 옆에서 듣고 있던 한 양치기가 희미하게 웃었다. 그것은 워낙 은밀한 표정이어서 무대 위의 누구도 이 웃음의 의미를 눈치채지 못했다. 천사든 악마든 복선은 늘 디테일 속에 숨어 있다. 이후 전개되는 모두가 아는 오이디푸스의 절규에 대해서는 생략하기로 한다.

더불어 상기할 가치가 있는 것은 오이디푸스의 딸 안티고네의 비극이다. 안티고네는 한국으로 치면 '심청'과 같은 지극한 효녀였다. 심청은 기껏해야 뺑덕어미를 기겁하게 하는 정도였지만, 안티고네는 아버지를 배신한 자를 기필코 응징하리라 다짐했다. 설사 그것이 자신의 어머니라도. 그런데 새 왕이 된 삼촌의 손에 그의 오빠가 반역자로 몰려 죽었다.

왕이 된 삼촌은 말했다. "테베에서 '반역자'로 죽은 자는 땅에 매장될 수 없다. 만약 이 '법'을 어기는 자가 있다면 그도 죽이겠다." 삼촌은 '공안통치'를 계속했다. 아무리 정적이라지만 조카가 죽었는데 어떻게 저승 갈 권리까지 빼앗는단 말인가. 안티고네는 분노했고 또 절망했다. 삼촌의 '법'과 자신의 '인륜' 사이에서 그는 고민하지 않았다. 안티고네는 오빠를 땅에 매장했다. 그 결과로 그도 죽음을 맞았다.

『오이디푸스 왕』을 읽은 이후, 그의 운명을 더 알고 싶은 독자가 있다면 『콜로노스의 오이디푸스』를 읽어보라고 권유하고 싶다. 이 작품을 읽고 나면, 젊은 날의 영웅이었던 오이디푸스의 추한 노년이 잘 드러난다. "안티고네야, 살려줘, 날 지켜줘, 아비는 너만 믿는다" 하는 식의 가련한 오이디푸스.

오이디푸스 3부작이 우리에게 던지는 교훈은 이렇게 요약된다.

1) 자신이 뭘 하고 있는지 자기만 모른다.

2) 인간의 운명은 수수께끼다.

3) 그러나 오만함의 결과는 파멸이라는 점은 명백하다.

오이디푸스를 재론하면서, 나는 다음과 같은 개인적인 생각을 피력하고 싶다. 지난 1년 동안 박근혜 정권의 상층부는 '법'과 '인륜' 모두를 위험에 빠뜨려왔다. '법'을 상징하는 검찰총장을 확인되지 않은 '인륜'을 근거로 날려버렸다. 그러면서도 대한민국의 대통령을 향해 '누나' 하는 자들이 둘 이상 있다는 것이 확인되었다.

나는 오이디푸스도 안티고네도 뜨거운 '진정성'의 소유자라고 생각한다. 나라도 그런 상황이었다면, 그들처럼 속 시원하게 말하고 행동했을 것이다. 하지만 그들과 내가 다른 점이 하나 있다. 2,600년 전의 세계와 오늘이 현격하게 다르듯 중요한 것은 '사실'이다. '사실'의 차원에서 보자면, 박근혜 정부는 이명박 정부만 한 연기 역량도 없어 보인다. 이명박 정부는 '아침 이슬'을 불렀던 참모들의 고언에 한 번쯤은 귀 기울이는 시늉이라도 했다. 하지만 이 정부는 전략 직전의 오이디푸스처럼 당당하고 오만하다. 2013. 12. 9.

유리천장 아래 청년들을 보라

　'유리천장'이라는 은유가 있다. 일반적으로는 여성과 흑인들의 조직 내 승진을 막는 제도적·비제도적 장벽이라는 의미로 쓰인다. 그러나 이 비유가 유독 여성과 흑인들에게만 해당되는 문제일까. 오늘의 현실을 고려해보자면, 유리천장이라는 금지의 장벽 앞에 그야말로 속수무책으로 갇혀 있는 세대가 또 있다. 그들은 누구인가. 경제학자 우석훈 씨에게서 '88만 원 세대'로 기묘하게 명명당한 이십대와 삼십대 초반의 청년들이 그들이다.

　이들 청년 세대는 아버지뻘인 기득권층 기성세대의 총체적인 무능이 초래한 IMF 사태를 청소년기에 겪었다. 이들은 의식이 눈뜨자마자 한국 사회가 '승자독식'의 사회란 것을 절실히 체감했으며, '동정 없는 세상'의 비정함을 가감 없이 체험하고 있다. 더욱 비극적인 것은 높은 '진입 장벽' 탓에 순조로운 사회 진입을 거부당하고 있다는 점이다. 그래서 왜곡된 파우스트적 절규가 이들 세대에게는 익숙하다. 요컨대 "정규직이 될 수 있다면, 영혼이라도 팔겠다"는 슬픈

연대기의 주인공인 것이다.

이들 청년 세대에게 한국 사회는 아무런 희망의 메시지를 전달해 준 바가 없다. 이들은 자신의 부모 세대가 겪고 있는 미래의 불확실성에 더해, 자신의 사회적 자아를 성숙시켜나갈 성장의 입사식도 거치지 못한 채, 사회적으로 방치되고 있다. 설화 속의 이태백은 음주가무와 시흥에 젖어 인생을 낭만적으로 전락시켰지만, 오늘의 청년 세대들은 '청년 백수'로 전락해 싸구려 고시원에 유폐되어 있다.

한 사회의 위기를 가늠할 수 있는 리트머스 시험지는 청년 세대의 미래 전망이다. 이들의 미래 전망이 과격하게 차단되는 현상이 장기화되면, 이는 근본적으로 한 사회의 존립 근거를 붕괴시키는 기점이 된다. 가령 1차 대전 직후 독일 국민들에 의해 성립된 바이마르 공화국 민주주의 체제가 1차 대전의 전비 배상에 따른 독일 경제의 악화에 따라 청년들의 사회 진입 장벽이 높아지자, 이들은 극단적인 히틀러 유겐트로 전락했다. 일반화하기는 힘들지만 일본 청년 세대의 '극우주의로의 전회'라는 현상 역시 넓게 보면, 과거 '잃어버린 10년'으로 상징되는 일본의 버블경제 붕괴 현상이 주된 동인이었다.

그러나 오늘의 한국 사회는 청년 세대들에게 더 강고한 유리천장이라는 장애를 심어주고 있다. 막대한 무역 이익을 얻고 있는 기업 집단은 '고용 없는 성장' 전략을 지속하면서, 청년 세대의 노동시장으로의 순조로운 진입을 막고 있다. 그러면서도 한편에서는 '무한 경쟁'의 구호를 내세우면서 승리주의 이데올로기를 더욱 강화하고 있다. 기업집단에 질질 끌려다니는 국가기구는 국가 경쟁력을 무슨 구호처럼 내세우지만, 민의의 대변자가 되지 못할 뿐만 아니라 민복民福의 거처에 대해서는 꿀 먹은 벙어리가 된 지 오래다. 그 와중에 청년들의 절망은 더욱 깊어져, '실용주의'라는 가면을 쓴 신자유주의의 거짓말에 현혹되고 있다.

그러나 어느 누구도 힘 있게 나서, 이들 청년들에게 문제는 국가 경쟁력이 아니라, 당신의 참다운 미래 전망과 행복이라는 충고조차 하지 못하고 있다. 이것은 단지 청년들에게 일자리를 내놓으라는 이야기가 아니다. 오히려 문제는 오늘의 청년 세대가 일자리 문제를 제외하고는 이 세계에 대해 어떠한 고민도 전개시키지 못하게 만드는 사회적 하중이 압도적이라는 사실이다. 과거의 청년들은 그들이 바로 청년이라는 사실 때문에, 사회적 노동에서 일시적으로 면제되어 얄팍한 '실용성'이 아닌 심원한 '무용지용無用之用'의 가치, 즉 다소는 혼돈스러우나 궁극적으로는 성숙의 도정에 수반되는 밀도 높은 사유와 미래 전망을 고민할 수 있는 열린 공간에서 살 수 있었다.

그러나 오늘의 청년 세대들이 처해 있는 이 연옥 같은 유리천장 아래서는, 오직 먹고살기로 요약되는 동물적 삶이 지루하게 지속될 뿐이다. 우리는 청년들과 함께 비틀거리면서도, 진리로 가는 길은 여전히 건재하다는 것을 보여줘야 한다. 2008. 1. 15.

대통령의 오바마 콘프레

버락 오바마가 미국의 대통령 선거에서 당선되던 날, 청와대는 서둘러 한국의 대통령 역시 오바마와 닮은 점이 많다고 자평했다. 그 말에 많은 사람들이 실소를 금치 못했다. 발가락이 닮았겠지, 한 언론은 풍자를 통해 청와대의 '말장난'에 뾰족하게 응수했다. 대공황기의 미국 대통령 루스벨트는 '라디오 연설'을 통해 실의에 빠진 미국인을 위로했다. 한국의 대통령 역시 '라디오 연설'을 시작했다. 그러나 이에 대해서는 빗나간 '흉내 내기'의 폐해를 지적하는 사람이 많다. 광대야 웃음이라도 전해주건만, 대통령의 흉내 내기는 쓴웃음만 유발하기 때문이다.

루스벨트를 말하다 보니, 나는 한국의 한 원로작가가 생각났다. 그의 이름은 조세희다. 『난장이가 쏘아올린 작은 공』에서 그는 산업화 시기의 어둠과 풀뿌리 민중의 고통에 대해 정직하게 증언했다. 힘없는 '난쟁이들'의 한계상황은 그때나 이제나 변함없으니, 애통함이 절절하다.

조세희 단편소설 가운데 「어린 왕자」가 있다. 이 소설에도 '루스벨트'에 대한 이야기가 나온다. 작가는 "시간을 초월한 여행이 가능하다면 나는 지금 당장 미국, (……) 오늘의 부자 나라가 아니라 출구를 찾던 대공황기의 어려운 미국에 가고 싶다"고 말한다. 왜 그럴까.

"그때 그 나라의 대통령은 영양실조에 시달리는 국민에게 '다행히 우리가 해결해야 할 문제는 정신적인 것이 아니라 물질적인 것'이라고 보고했기 때문"이라는 것이다. 작가는 이어지는 문장에서 "국민이 선출한 지도자답게 그는 알맞은 말을 국민에게 전했다"고 지적한다.

그러나 한국의 대통령이나 지근거리의 경제관료의 말에서 '지도자'다운 품격과 윤리를 발견하기는 어렵다. 그것은 대통령 주변의 경제학자들 역시 마찬가지다. 이 와중에도 그들은 더 잘살 수 있다는 환각을 부추기면서, 삽질경제에 대한 탐욕과 미련을 버리지 못하고 있다.

이에 반해, 조세희가 높게 평가하는 루스벨트의 경제브레인 렉스퍼드 가이 터그웰의 태도는 달랐다. 그는 물질주의적 환각을 무책임하게 부추기는 대신, '미국의 어둠'을 가감 없이 증언하는 일에 몰두했다. 그는 사진작가와 함께 비참한 경제생활을 기록하기 위해 현장으로 달려나갔다. 그리하여 사진작가들이 찍은 어려운 국민생활상은 곧 덜 어려운 국민, 괜찮게 사는 국민, 불황과 상관없이 잘사는 다른 국민에게 보여졌다. 동시에 사진작가들은 도시로 돌아와 부유한 사람들의 행복한 생활상도 함께 찍었다. 그 사진 가운데 얼마가 공적인 분노를 야기했다.

대통령의 경제브레인은 '분노의 폭발'을 원했던 것일까. 조세희는 이를 다음과 같이 해석하고 있다. "경제학자가 생각한 것은 분노의 폭발이 아니었다. 대통령의 브레인은 양심이라는 것을 일깨우기 위해 고통받는 국민의 가난을 드러내 고통을 덜 받는 다수에게 제시했을 뿐이다." 그리하여 "그의 놀라운 계획에 힘입어 제작된 당시의 사진 작품들은 고통받는 국민생활의 증거로 미국 국회도서관에 보존되어 있다."

한국의 대통령 이명박이나 기획재정부 장관인 강만수가 미국에서 배워야 할 태도는 이런 것이다. 미국의 대통령 루스벨트는 위기가 '정신적인 것'이 아니어서 다행이라는 윤리적 태도를 취한다. 미국의 경제브레인인 가이 터그웰은 가난한 사람들의 '고통'과 부자들의 '양심'에 대해 말한다. 이것은 '종부세 폐지'나 '부동산 활성화' 운운하는 나이브한 정략과는 차원이 다른 것이다. 오바마와 닮았다는 한국 대통령의 자화자찬보다는 '하나의 미국'에 대한 사회통합적 사고와 민중의 고통에 대한 '공감 능력'에서 배울 것이 더 많다.

소설가 조세희는 이어지는 문단에서 다음과 같은 문장을 적고 있다. "얘야, 너는 이 세계가 얼마나 지혜롭지 않게 통치되고 있는지 아느냐?" 옛날 어느 나라의 수상이 자신의 아들에게 했다는 유명한 말이라고 작가는 소개하고 있다. 자못 울림이 큰 질문이다. 2008. 11. 10.

걸인 앞에서의
망설임

　70년대 초반 내 유년의 마을에서 동냥하는 걸인을 하루에 한두 번 마주치는 것은 비교적 낯익은 풍경이었다. 선량했던 당시의 아이들은 왜 어른이 동냥을 하는 걸까 궁금해하기도 했지만, 그보다는 배고픈 사람에게 일단 밥을 주어야 한다며 걸인을 집으로 이끌고 가는 일도 종종 있었다.

　물론 부모님들은 그 걸인에게서 풍겨나는 악취 때문에 곤혹스러워했다. 하지만 순진한 아이의 눈빛을 거부하지는 못했던지 배고픈 걸인에게 밥 한 공기 대접하는 수고를 마다하지는 않았다. 초대받은 걸인이 고개를 돌려 소박한 밥상에 차려진 김치와 보리밥을 꿀떡꿀떡 어두운 식도로 넘기는 장면을 지켜보던 아이들은 오늘도 착하게 살았다, 하며 금방 대문 밖으로 우우 달려나갔다.

　그러고 보니, 그 시절 우리 마을에는 비 오는 날이면 괴성을 지르며 자기 옷을 찢곤 하던 한 미친 여자도 있었다. 그리고 등 뒤에 커다란 망태기를 짊어지고 휴지와 고철 등을 줍던 넝마주이도 종종 볼 수 있었는데, 그럴 때면 아이들은 겁에 질린 표정으로 "양아치다" 소리치며 도망치기에 바빴다. 마을 저편에서는 뒤틀린 몸짓이나 얼굴에 미소를 잃지 않았던 바보 청년이 느릿느릿 길을 지나갔다.

내가 살던 서울의 변두리는 화재민촌으로 불렸다. 그곳에 살고 있던 많은 이들은 어딘가에서 일어난 대화재 때문에 집을 잃고 그곳에 임시로 거주하던 사람들이었다. 집을 지을 돈도 땅도 없었기 때문인지 마을 사람들은 판자로 얼기설기 지은 판자촌을 형성했다가, 나중에 슬레이트집을 지었다.

내 기억이 옳다면 우리 집은 초가집이었고, 마당에 깊이를 알 수 없는 우물이 있었으며, 마중물을 부어야 물을 끌어올릴 수 있는 수동식 펌프가 있었고, 펌프의 손잡이를 연결하는 날카로운 이음새에 동생이 머리를 다쳐, 할머니가 우는 동생의 이마에 된장을 처발라 아버지가 동네 의원으로 달려가던 풍경이 기억난다.

지금은 대단위 아파트 단지가 들어선 그 동네에 드물지 않게 가게 되지만, 그 장소에서 내가 깨닫게 되는 것은 어떤 기억의 실종이다. 야산의 으스스한 무덤들은 사라졌고, 그 자리에는 학교가 들어서 있다. 서울의 여느 마을들이 그렇듯, 내 유년의 동네 역시 지금은 조밀한 아파트의 행렬과 대형 쇼핑몰과 번쩍거리는 자가용들과 교회들과 모텔들과 상가들로 분주하다.

그러나 길에서 내가 만나는 사람들 가운데, 내 유년 시절에 두꺼운 추억을 만들어주었던 원주민들은 찾기 어렵다. 대규모 아파트 단지가 생기자마자 새롭게 이주한 젊은 부부들과 소비사회의 평준화된 일상이 그 동네의 풍경을 재구성했다. 이제 그곳에서 걸인을 찾기는 어려우며, 미친 여자의 괴성을 들을 수 없고, 넝마주이나 바보스러운 청년을 발견하기는 어렵다.

우리가 살고 있는 도시문명이 세련된 진보와 해방을 만끽했기 때문이라고 보기는 어렵다. 사실을 말하자면 그들은 우리들의 일상문화에서 미끈하게 방부처리되어 격리되어버렸다. 마을에서 살 수 없는 걸인들은 대규모 역사 주변에서 마지막 살길을 찾았고, 괴성을 지르던 여자와 바보 청년은 각종 시설들로 분산 수용되었거나 대문 밖으로 나오지 않는다. 오늘날 거지들을 제 손으로 이끌고 밥을 먹여야 한다며 부모에게로 데려올 동심은 희박할 것이다. 그것은 아이의 천성이 변했다기보다는, 이즈음의 우리 아이들은 피로한 열차처럼 늘어져 있는 학원스케줄에 제 자신이 파김치가 되어 있기 때문이다.

내가 이런 글을 쓰고 있는 것은 아침에 우연히 보았던 한 걸인의 모습 때문이다. 마을 뒷산 정자에서 자고 있었던 그 걸인을 백발의 할머니가 쫓아달라고 내게 부탁했다. 마뜩잖았지만 할머니의 청을 들어주는 흉내라도 내야겠기에 "아저씨, 청소하게 일어나세요"라고 나는 걸인에게 말했다.

그런데 더러운 이불 속에서 몸을 일으킨 걸인은 뜻밖에도 키 큰 여자였다. 그것은 내게 작은 충격이었는데, 바로 그 순간 "이 정자는 내가 청소했어. 어서 썩 가버려. 왜 더럽히고 있는 거야!" 하고 내 옆의 할머니가 기세등등하게 고함을 질렀다. 그것은 노인이 내기에는 자못 끈질기고 날카로운 소리였지만, 이미 내 마음은 바람 빠진 풍선처럼 공허하고 서글퍼져, 당신에게 '미안하다, 미안하다, 미안하다' 하고 망설이고 있었다. 2009. 10. 5.

말의 탈선

이명박 정부가 출범한 것이 불과 얼마 전인데, 상당히 오래된 것처럼 느끼는 사람들이 늘고 있다. 벌써부터 국민들이 새 정부에 피로감을 느끼기 시작했다면 이는 좋은 신호가 아니다. 신호는 징후다. 징후란 도래할 증상을 예시한다. 그 때문에 이명박 정부가 이 신호를 제대로 해독하는 데 실패한다면, 앞으로 5년간의 대한민국은 피로할 것이다. 그렇다면 무엇이 국민들을 피로하게 만든 것일까. 가장 중요한 이유 중의 하나로 나는 '말의 탈선'이라는 문제를 거론하고 싶다.

이명박 대통령은 행동과 결과가 중요하지, 말이 뭐가 중요하냐고 반문할 가능성이 높은 행동주의자다. 그래서 추진력 있는 정치인이라는 세평을 얻기도 했다. 실제로 그는 서울시장 재직 시절 여론의 반대를 무릅쓰고 '버스 전용 차로'와 '청계천 복원 사업'을 밀어붙였다. 결과는 성공적이어서 국민들이 그를 대통령으로 만들었다. 해외 언론들조차 이명박 대통령을 '불도저'로 비유하고 있다. 그러나 이런 자신감 때문인지 그는 섬세한 '말의 정치'를 간과하는 경향이 있다. 이것은 매우 불안한 신호로 교정해야 한다.

인수위 기간 중에도 이 대통령은 적절치 않은 발언으로 크고 작은 곤욕을 치른 바 있다. 대표적인 예가 '숭례문 복원'을 '국민 성금'으로 하는 것이 어떻겠느냐는 발언이다. 국가와 지자체의 관리 소홀로 발생한 책임을 전가하는 당시 당선인의 '말'에 대다수 국민은 경악했다. 인수위원장의 '영어 몰입 교육'에 대한 강한 신념과 '말잔치' 역시 냉소를 쏟아내게 했다. 맞춤법조차 파괴한 '오뤼지' '후렌들리'라는 말은 일약 유행어로 떠올랐다. 게다가 대통령이 한글맞춤법도 숙지하지 못했다는 사실은 오히려 '국어 몰입 교육'의 필요성을 낳았다.

새 정부가 출범하고 장관 내정자들에 대한 본격적인 검증 작업이 시작되면서 '말의 탈선'은 점입가경의 양상을 보였다. 청문회 전에 자진 사퇴한 박은경 환경부 장관 내정자는 땅 투기 의혹에 대해 "자연의 일부인 땅을 사랑할 뿐 투기와는 전혀 상관없다"라고 말해 여론의 거센 비난에 직면했다. 이춘호 여성부 장관 역시 엉뚱한 말로 대응해 화를 자초했다. "서초동 오피스텔은 내가 유방암 검사에서 암이 아니라는 결과가 나오자, 남편이 감사하다고 기념으로 사준 것이다." 유인촌 문화부 장관도 예외는 아니었다. 재산 형성 과정에 대한 의혹 제기에 대해 그는 "배용준은 그보다 더 많지 않느냐"라고 반문해 빈축을 샀다. 이명박 정권 인사들의 '말잔치'가 코미디 프로보다 재미있다는 게 세간의 중론이라면, 이를 어떻게 해석해야 할까.

최근 라면 가격이 올랐다. 이 대통령은 첫 수석회의에서 민생경제를 걱정하며 이렇게 말했다고 한다. "평소 라면을 먹지 않는 계층은 라면 값 100원이 크게 신경 쓸 일이 아니지만 라면을 많이 이용하는 서민들에게는 라면 값 인상이 큰 부담을 준다." 이 발언에 대해서는 두 가지 반응이 전해지고 있다. 첫째, 라면 업계가 당혹해한다. 두 번째 반응은 이렇다. "대통령에 따르면 한국에는 두 부류의 계층이 있다. 라면을 먹는 계층과 결코 먹지 않는 계층이다." 말의 탈선이 정치의 탈선을 낳는 건지, 그 역이 진실인지는 알 수 없다. 분명한 것은 사려 깊지 않은 말의 탈선이 정치 불신을 부추기고 있다는 사실이다. 2008. 3. 11.

이준익 감독의 〈즐거운 인생〉이라는 영화를 보았다. 영화는 현실에 고전하고 있는 사십대의 평범한 남성들을 조명하고 있었다. 한 사내는 실업자였는데 아내와 아이의 눈치를 보며 하루 만 원의 용돈으로 기원을 전전한다. 다른 한 사내는 낮에는 택배 배달원으로 밤에는 대리운전 기사로 살아가면서 가장의 책임감에 붙들려 있다. 다른 사내는 어떠한가. 기러기 아빠다. 중고차 판매점을 운영하면서, 자신은 빈궁한 삶을 살면서도 캐나다에 가 있는 아내와 아이들의 교육비를 버는 것이 생의 유일한 목표다.

그 세 명의 사내들이 대학 시절 함께 '활화산'이라는 밴드를 했던 한 친구의 죽음을 계기로 다시 모인다. 그렇게 모인 사내들의 면면은 청년기의 희망과 음악에 대한 영감을 피로한 일상 속에서 모두 소모한 '사화산'이다. 그들은 불가피하게 현실주의자가 되어 있는데, 그게 모두 이 극단적인 경쟁 사회에서 '생존'을 위한 두꺼운 가면이라는 것을 감독은 은근히 이 영화에서 암시하고 있는 것처럼 보인다.

영화는 이 생존의 가면을 벗어던지고, 자신의 욕망을 선택한 이들이 음악을 통해 젊음의 활력을 회복하는 것으로 종결된다. 택배 배달원이 갑자기 베이스기타를, 실업자가 리드기타를, 그리고 기러기 아빠가 드럼을 치기 시작하는데, 그들의 아내들은 그런 남자들의 변신 앞에서 이혼 선언을 하거나 가출한다. 그들은 남편들의 행복에 대한 희망을 이해하지 못한다.

오직 살아남는 일에만 매몰되어 있는 것이 이들 사십대 남성들의 건조한 사회적 자아이고 두꺼운 가면이다. 그러나 모든 인간은 행복에 대한 결코 포기할 수 없는 본능과 자기표현에 대한 욕망이 끈질기게 숨어 있다. 그것이 이 영화 속에서 마그마와 같은 음악적 열정으로 상징되는 것일 텐데, 이준익 감독은 영화를 보는 우리에게 그런 열정을 회복하라고 촉구하는 듯싶다.

영화에 대한 독해방법은 다양하지만, 나는 오늘의 한국적 상황과 대비시켜 다음과 같은 질문을 마음속으로 던져보았다. 경제성장이 과연 한국인을 행복하게 해줄 것인가. 표면적으로는 그럴듯한 유추다. 경제성장의 과실이 이 사십대의 남성들에게 더 이상 정리해고되지 않고, 투잡으로 생계를 도모하지 않으며, 외기러기 생활을 하지 않는 풍족한 중산층으로 살아남게 할 수도 있을 것 같다.

그러나 곰곰이 생각해보면, 과연 그런 현실은 명백한가. 한국 경제는 이미 세계 11위의 대국적 상황으로 성장했지만, 오히려 현실은 무한 경쟁에 따른 적자생존과 미래의 불확실성이 가중되는 방향으로 나아가고 있다. 영화 속에 등장하는 성실하고 선량한 사십대의 가장들이 그러한 것처럼, 현실 속의 사십대 남성들은 경제지표의 호조에도 불구하고, 아니 바로 그런 상황 아래서 반대로 영화 속에 표현된 일상화된 비극에 더 밀도 높게 직면해 있다.

경제성장이 파이를 더 크고 균등하게 배분해줄 것이라는 논리는 단순히 논리에 불과할 뿐, 실제로는 소수를 제외하고 대다수의 중산층이 경제적 불안정 상태로 하강하고 있다. 부의 집중은 한국뿐만이 아니라, 이른바 선진국이라 할 수 있는 세계 경제에도 동일하게 나타나는 현상이다.

경쟁의 심화는 초기 단계에서 노동생산성의 강화로 이끌지만, 우리가 확인하고 있는 것처럼 현실경제는 물질노동과는 무관한 영역에서의 증권 투자와 부동산 투기가 미래의 불확실성을 제거하는 지배적인 수단으로 자리 잡은 지 오래다.

그런 가운데 한국의 사십대들은 일상에 대한 그들의 친화력과 소속감 모두를 무한 경쟁의 노동구조 속에서 '일하는 기계'로 고정시키고 있다. 그것은 이들 사십대가 영화 속에 등장하는 인물들처럼 행복에 대한 욕망과 충일한 낭만적 비전 또는 표현의 욕구가 없어서가 아니다.

차라리 그것을 불가능하게 만드는 이 사회의 선전문구 때문에 그렇다. 그 선전문구는 당신에게 이렇게 말한다. "일하라, 생각 없이 일하지 않는다면, 당신은 이 사회에서 낙오될 것이다."

경제성장이 한국의 사십대를 행복하게 만들 수 있다는 건 허구다. 사실은 경제성장이 독려되면 될수록 한국의 사십대는 인생의 선배들이 그러했듯 '일중독'과 '과로사'의 악순환 속에서 '일하는 기계'로 고착될 확률이 높다. 중요한 것은 경제성장이 아니라 지속 가능한 행복과 일상의 즐거움이다. 정치가는 절대 이런 말을 못한다. 그러나 영화감독은 당당하게 이런 선언을 할 수 있다. 2007. 9. 30.

가망 없는 정권

"숨 쉬는 것 빼고는 다 거짓말이다."

출범 3개월을 넘긴 이명박 정권에 대해 국민은 이렇게 느끼고 있다. 쇠고기에 좌우가 있을 수 없는데, 낡은 흑백영화에서나 볼 법한 강경 진압을 노골화하는 청와대에 국민이 기대할 것은 더 이상 없다. 대놓고 국민에게 '총질'을 권유하고 있는 한 얼빠진 극우 논객조차 대통령의 하야를 거듭 촉구하는 풍경에 직면하다 보면, 정말 '가망 없는 정권'이라는 생각이 든다.

이 정권의 골수 지지자들은 이렇게 말한다. "불과 3개월밖에 안 된 정권인데 판단이 너무 성급한 것 아닌가." 이에 대해서 80% 이상의 국민은 이런 심정을 피력하고 있다. "불과 3개월밖에 안 된 정권인데, 이렇게 무능할 수 있는가."

특히 이 정권은 무슨 말만 나오면 '경제 살리기' 운운하며 전임 정권 탓하기에 열성인데, "방귀 뀐 놈이 성낸다"고 정작 경제를 절단내고 있는 게 누구냐는 반문이 청와대에는 들리지 않나 보다. 그런 정권에 맹성猛省을 촉구하는 것도 한두 번이어서, 국민은 이제 여과 없이 분노하고 있다.

정권은 국가가 아니다. 일시적으로 국민이 위임한 권력을 행사하고 있는 자들이 "짐이 곧 국가다" 식의 시대착오를 신앙처럼 숭배한다면, 국민은 권력을 민주적인 방식으로 회수할 수 있다. 이명박 정권을 보면, 프랑스 혁명기의 마리 앙투아네트의 이미지가 겹쳐진다. "먹을 빵이 없다구? 그럼 과자를 먹으면 되잖아" 하는 그 발언 말이다. 국민은 검역 주권을 말하는데 '값싸고 질 좋은 쇠고기' 운운하다가 이 정권은 구석에 몰렸다.

국가 정체성에 대해 대통령이 말한 바 있다. 미국의 '값싸고 질 좋은 쇠고기'가 국가 정체성과 무슨 상관이 있는지 알쏭달쏭하지만, 대한민국의 국민은 정의로운 국가, 평화로운 국가, 국민주권이 살아 숨 쉬는 국가를 만들기 위해 피 흘리면서 오늘의 민주주의를 건설해왔다. 헌법 제1조의 공화국의 이념을 수호해온 것은 국민이지 위정자들이 아니었다. 대한민국의 역사를 둘러보라. 전국을 감옥으로 만들어도 양심은 결코 감옥에 가둘 수 없다는 사실을 알 수 있을 것이다.

정부와 무능한 여당은 물론이고 가스통과 각목을 들고 폭력을 일삼는 어떤 집단들은 '촛불'을 끄라고 말한다. 이에 대해 국민은 그럼 '횃불'을 드는 것은 어떤가 하고 심각하게 고민하고 있다. 이명박 정권이 분명히 알아야 할 것은 이 정권에는 미래가 없다는 사실이다. 초등학생조차 닭장차로 연행하는 기묘한 정권에 어떤 미래가 있을 것이라는 기대 자체가 미망이라는 것을 알아야 한다.

정권을 물리적으로 지속시키는 것은 가능할 것이다. 그러나 정당성과 도덕성, 국정운영 능력조차 부실한 정권 앞에서, 현명할 뿐 아니라 정의감이 투철하고 유머감각이 뛰어난 국민이 취할 태도는 분명하다. 국민은 물과 같이 부드러워 보이지만 어떤 단단한 바위도 기어이 뚫어낸다. 민의를 배반한 정권의 말로는 비참했다. 가망 없는 정권은 국민에게 항복해야 한다. 입은 닫고 귀를 열어야 한다. 그래야 일말의 희망이라도 건질 수 있다. 2008. 7. 3.

어느 날 문학평론가가 꿈이라는 한 대학생이 나에게 이런 고민을 토로한 적이 있다. 자신은 도대체가 문학적 감식안이라는 게 없는 사람 같다는 것이다. 그 이유인즉 평론가들이 탁월한 작품이라고 평가한 것들을 읽어보았는데, 자신으로선 아무리 생각해봐도 그 이유를 알 수 없다는 것이다. 그가 읽었다는 작품들을 나도 읽어보았는데, 사실 나 역시 그와 동일한 평가를 내릴 수밖에 없었던 것들이 태반이었다. 그런데 그런 작품집의 해설이나 책 뒷면의 추천사들을 읽어보면, 마치 덕담에 굶주려 있는 사람들처럼 그 문장들이 그렇게 화려하고 아름다울 수가 없었다. 흔한 말로 '주례사 비평'이기 때문이다.

어느 날 한 출판사의 직원이 평론가들은 대단히 뛰어난 상상력의 소유자들 같다는 말을 나에게 한 적이 있다. 그게 무슨 말이냐고 물으니, 평론가들의 해설을 읽다 보면 어떤 작품이든 문제작이 아닌 게 없다는 착각이 들기 때문이란다. 하기야 나 역시 어떤 평론가들의 글을 읽으며 감탄할 때가 있긴 하다. 얼마 전에 읽었던 한 작가의 소설집과 그 작품들에 대한 해설을 읽으면서도, 그 놀라운 수사학에 감탄인지 탄식인지 모를 착잡한 심경에 빠져들기도 했다. 그 해설에는 소설가를 '영매'라고까지 표현한 문장도 등장했는데, 아무리 되풀이해 작품을 읽어도 왜 이런 표현이 등장해야 하는지 도무지 이유를 알 수 없었다.

이른바 '주례사 비평'이라고 명명되는 평가의 인플레이션 현상은 그 언어적 과잉이 강화되면 될수록 작품을 '농담'으로 만든다. 그런데 오늘날의 문학시장, 더 넓게 보아 출판시장은 이 언어의 인플레이션 현상이 과포화된 상황에 이른 것 같다. 이것은 오직 나만의 생각인가. 그런 것 같지는 않다. 대다수의 문인들이 이러한 현실을 매우 안타깝게 생각하고 있으며, 어떤 방식으로든 개선될 필요가 있다는 점을 인정하고 있다. 그런데 이 부분에서 흥미로운 현상은 이러한 현실을 개탄했던 그 사람들조차도, 자신이 비판했던 그 관행을 반복하는 경우가 종종 나타난다는 점이다(나는 이 부분에서 복잡한 표정으로 가슴에 손을 올려본다). 물론 여기에는 이런저런 많은 이유들이 있겠지만, 다음과 같은 문제는 한번쯤 생각해볼 필요가 있다.

왜 그런고 하니, '한국적 인간관계' 때문이란다. 문단이라고 하는 곳 역시 사람 사는 곳인지라, 이런저런 친교관계 때문에 그런 요청을 거절하기 힘들다는 것이다. 그런데 내 판단에 그 '한국적 인간관계'라고 하는 것이야말로 실상은 바람직한 차원에서의 '친밀성'의 교류로 보기 힘들다는 생각이다. 오히려 문학적 가치평가를 둘러싼 평가의 인플레이션 현상을 추동하는 것은 '친밀성'과는 상관없는 문단에서의 '입지 세우기'라는 문제와 관련되는 것은 아닐까. 그것은 마치 사회 일반에서 학연·혈연·지연을 통해 인맥을 형성하고, 이를 통해 개인적 욕망을 손쉽게 충족시키려는 '연고주의'의 폐해와 다름없는 것이 아닐까. 가령 한 젊은 비평가는 "실로 한국문학은 지금, 지연·학연·문연 및 기타 관계가 뒤얽혀 창출되는 지독한 염병을 앓고 있다"는 비관적인 진단도 피력한 바가 있지 않은가.

그렇다면 '한국적 인간관계'로 표현된 그것은 차라리 '정략적 계약관계'에 가까운 것이 아닐까. 숨겨진 지뢰가 여기저기서 터지듯, 난리도 아닌 모모 게이트의 주인공들도 그 타락의 출발점은 형님, 아우 하는 그 '한국적 인간관계'에서 시작되었고, 대통령 아들들의 그 한심한 농간들도 그 끈끈한 '한국적 인간관계'에서 출발하였고, 이른바 요즘 문제가 되는 연예계 비리라는 것도 보나마나 '한국적 인간관계'의 소산이었을 텐데, 도대체 그것을 참다운 의미에서의 '인간관계'로 볼 수 있을까. '한국적 인간관계'가 이런 것일진대, 오히려 우리는 '독립적 개인'으로부터 다시 출발해야 하는 것이 아닐까.

2002. 7. 21.

누동문명 속의 식인 사회

1990년대 중반 이후 한국 사회는 이른바 '거대담론'이라는 것을 추방해버렸다. 그 이전까지는 민주주의와 자본주의, 그리고 한국 사회의 사회구성체의 성격과 같은 추상화된 논의가 다방에서 술집에 이르기까지, 앳된 대학생부터 노년의 학자에 이르기까지 열띠게 이어졌다.

거대담론을 논하는 것이 꼭 생산적인 것은 아니다. 거대담론이란 필연적으로 추상화를 동반하며, 삶의 모순적이면서도 미세한 국면을 단순화하는 우를 범하기도 하는 것이니까. 그렇다고 거대담론의 필요성을 부정할 수도 없다. 현실을 살아가는 모든 인간은 단기적인 이해관계로 괴로워하지만, 크게는 삶의 의미라고 할 수 있는 거시적인 전망이 없으면, 또한 절망하는 존재다.

그것은 개인적 차원에서도 그러하지만, 국가적 차원이나 문명의 차원에서도 유사하게 작동하는 감정의 구조인 것이다. 특히 현재와 같이 지구적인 자본주의 자체가 구조 변동하고 있는 것으로 느껴지거나, 문명 자체가 지속 불가능한 생태위기를 향해 나아가고 있는 상황, 그리고 한국의 민주주의 자체가 붕괴하고 있다는 위기의식이 고양되고 있는 시점에서는, 큰 틀에서 전체를 조망할 수 있는 '거대담론'이 요청되는 것이다.

최근 일군의 사회과학자들이 이른바 '한국 사회 체제논쟁'을 벌이면서, 한국 자본주의의 성격과 민주주의의 문제를 다시 사유해볼 필요가 있다고 나선 것은 그런 점에서 반가운 일이다. 『녹색평론』이 일찍부터 제기해온 생태문명론이나 『문화과학』에서 60호를 기념하여 다시 '즐거운 혁명'을 이야기하는 등의 시도는 그간 한국의 지식인 사회에서 실종되었던 거대담론의 복원이 이 문명사적 전환기에 다시금 요청된다는 문제의식에 기반하고 있는 것이다.

문명사적 전환기라 말했는데, 그렇다면 오늘의 문명의 성격을 묻는 일도 빠질 수 없다. 그런 관점에서 일본의 사상가 모리오카 마사히로의 '무통문명無痛文明'이란 개념은 오늘의 한국적 현실을 이해하는 데도 커다란 시사점을 준다. 그는 괴로움과 아픔이 없는 문명이 인류의 이상이었는데, 이런 이상에 근접한 것처럼 보이는 것이 오늘의 무통문명이라고 말한다.

물론 오늘의 현실을 들여다보면, 괴로움과 고통이 더 넘쳐나는 게 아니냐고 반문할 수 있다. 실제로 그것은 사실처럼 보인다. 문제는 각각의 개인들이 그러한 괴로움과 고통을 적극적으로 회피하는 데 골몰하고 있고, 기술 유토피아주의가 요람에서 무덤까지 인간의 고통을 관리하고 있다는 것이 모리오카의 주장이다.

오늘날 인간들은 적절한 수준에서 욕망을 관리당하고 있으며, 고통을 회피하기 위해 문명의 시스템에 자발적으로 속박당하는 것을 당연시하고 있다. 인간은 먹을 것과 안정과 쾌락을 공급해주는 사회시스템과 자발적인 속박관계를 맺으려는 듯 보이는데, 사실 이것이야말로 인간의 '자기가축화'와 다를 것이 없다는 것이다.

그가 무통문명의 작동원칙으로 일컫는 다섯 가지 기제는 사실 우리가 일상적으로 경험하고 있는 처세술이다. (1) 쾌락을 찾고 고통을 피한다. (2) 현상 유지와 안정을 추구한다. (3) 틈새가 보이면 욕망을 확대 증식한다. (4) 타인을 희생양으로 삼는다. (5) 인생·생명·자연을 관리한다. 이와 같은 원칙들은 사실 우리들의 일상에 이미 미만해 있는 태도인 것이다.

오늘의 대다수의 한국인들은 미디어는 물론 삶의 현장에서 증폭되고 있는 사회적 고통의 실체에 대해 잘 알고 있다. 용산참사와 비정규직 문제와 민주주의의 몰락과 4대강 개발이 자연에 가할 재앙적 미래와 언론자유의 붕괴와 교육의 종말 등의 문제를 생각하며, 이대로 세상이 굴러가는 것은 위험하다고 인식하고 있는 것이다. 그러나 그런 '인식'이 '행동'을 끌어내지는 않는다.

철학자 지젝은 '냉소적 주체'라는 개념을 이렇게 정리한 바 있다.

"나도 그게 문제라는 사실은 알고 있다. 그래서 어쩌라구?"

이런 냉소적 주체들이야말로 모리오카 식으로 말하면 가축화된 존재들이다. 이런 가축화된 존재들은 자신의 고통은 물론이고 타인의 고통마저도 없는 것으로 간주하는 방식을 통해, 결과적으로는 식인食人사회를 용인한다. 타인을 희생양으로 만들면서 안심하는 사회, 그게 지금 한국 사회의 부정할 수 없는 현실이다. 2009.12.27.

참말도
안 되는 시대

어제는 울화 때문에 아내가 잠든 후에 골똘하게 서재에서 술을 마셨다. 사실 술과 담배를 끊으리라 작정한 게 며칠 안 되었는데 그게 뜻대로 될 성싶지 않았다. 곧 태어날 아기 때문에라도 끊어야겠다고 생각했지만, 결정적인 것은 담배와 술과 같은 아무래도 서민들이 더 찾기 쉬운 품목의 간접세를 인상하겠다는 이 정부의 고약한 생각도 이런 내 생각을 굳히게 만들었다.

그러나 술과 담배에의 유혹이란 것은 습관이 아니더라도 불가항력적인 끌림이 있는 듯하고, 나에게 그것은 우정과 관련할 때가 더욱 그렇다. 찬 오이소주를 들고 멀리서 찾아온 벗들과 마시며 세간에서 잊고 있었던 맑은 이야기를 할 때면 취기조차도 달콤하게 느껴질 때가 있다. 대학 시절에 시를 쓰고자 했을 때는 시험 삼아 취한 친구들의 말을 수첩에 그대로 적어본 적이 있었다. 나중에 보니 문학평론가 김현이 「불꽃의 말」이라는 산문에서 상기시킨 바 있는 도취된 언어가 이상하게 수첩에는 가득 적혀 있었다.

취한 말을 듣고도 고개를 끄덕거릴 수 있는 것은 취객들의 공동체에서 가능한 일이다. 취한 사람들은 자기 앞에 있는 더 취해 있는 사람들의 말이 널뛰기를 하건 아니면 자유낙하를 하건 다 알 것 같다고 고개를 끄덕거린다. 소통이란 게 꼭 말에 의존하지 않고도, 그 말을 하는 상황과 제스처, 미묘한 표정과 침묵이라는 넓은 의미의 맥락을 통해서 가능해지는 것이기 때문이다.

그러나 취하지 않은 멀쩡한 정신의 사람이 취객의 언어를 알아듣기는 어렵다. 말이라고 하는 것 역시 술로 치자면 '도수'라는 것이 있는 것이어서, 같이 얼굴이 붉어지지 않으면 말이 통하지 않고 겉도는 것처럼 느껴지는 것이다. 자고로 말이 통하기 위해서는 말하는 사람이나 듣는 사람이나 어떤 흔쾌한 내면의 개방과 신뢰가 필요한 것 아니겠는가.

그런데 요즘 들어 말이 썩어빠진 낡은 가죽처럼 텁텁하고 냄새나는 것처럼 흉물스럽게 느껴진다는 것이 문제다. 나만 그런 게 아니고 내 주변에 말깨나 한다는 사람들이나 말깨나 경청한다는 사람, 말깨나 세련되게 세공한다는 사람들의 중론이 그렇다. 후일 2000년대를 떠올리게 하는 마지막 말이 무엇이냐고 누군가 조사하는 이가 있다면, 참 말도 안 되는 시대였다고 말하는 사람이 제법 있을 것이다.

1979년 3월에 뿌리깊은나무 출판사에서 『70년대의 마지막 말』이라는 산문 앤솔로지를 출간한 바 있다. 이 책의 편집자는 "앞으로 스무 해쯤이 지나 2000년대에 들어서면, 아마도 20세기의 후반기

50년 동안에 한국 땅에서 일어난 일들과 이루어진 일들을 묶어 현대 역사에 편입시키려는 작업이 시작될 것"이라고 예측했다. 그렇다면 1970년대는 어떻게 기억될 것인가라고 묻고, '산업화' '고도성장' '번영' '근대화' 등속의 말을 거론하면서 다음과 같은 문장도 삽입하고 있다.

"한국, 1970년대, 그것은 물질과 정신의 두 상대 개념이 치열하게 맞선 십 년이었습니다. 고도성장의 화려한 양달이 있었고 인간 상실의 우울한 응달이 있었습니다. 또 국가 번영의 뚜렷한 명제가 있었고, 그 뒤안길에서는 소리 없는 민중의 절규가 있었습니다."

이런 논법을 흉내 내어 2000년대를 특징짓는 마지막 말을 선정해 보면 어떨까.

"2000년대는 오직 물질 개념만이 횡행했습니다. 경제성장의 구호와 무관하게 민중들은 서로의 뺨을 때리거나 서로를 짓밟고서라도 살려고 절규했습니다. 고용주들은 공장을 폐쇄한다고 협박하면서 그런 싸움을 부추겼지요. 인간 상실의 우울한 응달은 회복할 수 없이 깊어졌고, 위정자들은 어리석은 백성에게 말이란 사치품에 불과하다며 공론장을 폐쇄시키려 애썼습니다. 그런 자들이 취객의 언어를 말이랍시고 멀쩡한 국민에게 떠들어대니 울화가 깊어졌습니다."

나는 이런 문장이 전혀 과장이 아닐 것이라 생각한다. 이명박 정부는 출범 초기부터 '어륀지' 운운하는 말장난을, '당선인' 운운하는 표현의 검열을, '소통' 운운하는 거짓말을 아주 당연시했던 집단이기 때문이다. 수십조의 돈을 강바닥에 쏟아부으면서, 다른 입으로 이제 대운하는 포기하겠다고 말하는 행태의 반복은 말과 사물, 말과 사람, 말과 진리의 개념을 타락시키는 일의 한 명백한 상징이다. 말의 타락이 극에 이르렀다. 2009. 7. 1.

'출교'의 추억과 고려대

내게도 이른바 '출교의 추억'이란 것이 있다. 유년 시절이었을 것이다. 생각해보면, 내가 출석했던 교회는 이즈음에도 흔한 이른바 사이비 교회였던 것 같다. 설교 시간이면 담임목사는 천국을 강조하며 각종 헌금을 독려했다. 다양한 헌금이 있었는데, 한 가지 기억에 남는 것은 '약정헌금'이라는 것이다. 지금은 돈이 없더라도, 여유가 생기는 시점에는 약속한 헌금을 봉헌하라는 약속을 신 앞에서 해야 했다. 천국행에도 이른바 '급행료'라는 것이 있었나 보다.

자격이 없는 목사의 부인도 자주 기묘한 설교를 하곤 해서 아이들을 질리게 했다. 담임목사가 돈과 결부시켜 천국을 상기시켰다면, 목사의 부인은 질병에 신음하는 신도들의 쇠약한 육체를 '마귀'와 결부시키곤 했다. 당신들이 고혈압과 당뇨병, 중풍에 시달리고 있는 것은 '마귀'가 몸에 들어왔기 때문이다. 그 마귀를 쫓아내려면 '안수기도'를 받아야 하는데, 이를 위해서는 더 많은 헌금을 봉헌해야 한다는 것이었다. 겁에 질린 아이들이 그 부모들에게 헌금을 독려하곤 했다.

"마음이 가난한 자는 복이 있나니"로 시작되는 성경을 읽고, "돈으로도 못 가요. 하나님 나라"로 시작되는 복음성가를 불렀지만, 목사나 그의 부인이나 '천국'과 '지옥' 사이에는 '헌금'이 있다는 말만 앵무새처럼 반복했다.

그런 설교가 납득되지 않아, 내 동생을 포함한 중고등부의 학생들이 목사와 그의 부인에게 이의를 제기했다. 거기에는 막 우리 교회에 부임했던 젊은 교육전도사의 영향도 있었다. 일반 대학을 졸업하고 다시 신학대에 재학 중이었던 이 전도사는 사랑과 구원, 천국과 지옥에 '돈'이 결부되는 것은 기독교의 교리와 완전히 무관하며, 특히 몸의 질병을 들어 '마귀' 운운하는 설교는 하나님의 영광과 완전히 무관하다는 논지의 설교를 우리에게 하곤 했기 때문이다. 어린 나이에도 젊은 전도사의 설교는 설득력이 있었다.

교회 당국의 징벌은 신속하고 과감했다. 우리들의 전도사는 곧장 해임되었고, 목사와 그 부인의 배금주의적 설교에 이의를 제기했던 중고등부 학생들은 예배 도중 갑자기 큰 목소리로 이름이 불리더니 "오늘부로 너희들을 출교한다!"는 한 대머리 종교재판관의 선고를 들어야 했다. 마음이 여린 여자아이가 갑자기 울음을 터뜨렸다. 출교의 근거로 '마귀'로 지목된 여중생이었다. 나와 내 동생 역시 출교당했다. 역시 마음에 '마귀'가 들어와 신성한 신의 대리자의 설교를 문제 삼는다는 이유였다. 그러나 우리는 우는 대신 해당 목사를 '상급 노회'에 제소했다.

투표권을 요구하며 교수들을 장시간 억류했던 고려대생들에 대해 학교 당국이 출교 처벌을 내렸다고 한다. 내 경우와는 분명 다른 것이지만 학생들에게 내려진 출교 조처는, 그들의 처지에서는 '영구 제명'인 것이어서 대단히 충격적인 사태다. 나는 학생들의 행동이 '과'했다는 점을 알고 있지만, 대학 당국이 오히려 그런 행동의 과격성을 배태한 상황의 심각성을 관대하게 포용했으면 어떨까 하는 생각을 갖고 있다. 그들은 '이기적'인 동기로 그런 '과'한 행동을 한 것이 아니다. 전체 학생들의 '평등권'을 역설했지만, 그것이 받아들여지지 않자 우발적으로 '과'한 행동이 나온 것이다.

나는 교육의 참된 가치 중의 하나는 '관용'에 있다고 생각한다. 이는 '표현의 자유'가 우발적으로 초래하는 '과'한 실수까지도 교육은 인내를 갖고 포용해야 한다는 것을 의미한다. 고려대의 대학 이념 가운데 '자유'라는 표현이 있음을 상기시키고 싶다. 2006. 5. 18.

당나귀
귀인가?

　국무총리가 나서서 담화문을 발표하고, 이에 질세라 이제는 사어가 된 것으로 착각했던 관계기관 대책회의가 열린다. 청와대 비서관과 경찰서장이 촛불문화제 현장에 사이좋게 등장해 현장지휘하고, 미성년자이건 아니건 시민들을 무차별 연행하고, 촛불시위에 조직적인 '배후'가 있다고 여론을 선동한다. 디지털 시대에 재현되고 있는 낡아빠진 '공안정국'의 재현을 보고 있자니, 포스트모던인가 새로운 중세인가 하는 질문을 던졌던 움베르토 에코의 책 제목이 생각난다.

　국민의 의식은 디지털 문명의 발전에 따라 광폭으로 진화하고 있는데, 이를 바라보는 이명박 정부의 시계는 수십 년 전으로 후퇴해 있다. 평화적인 촛불시위를 전개하면서 시민들은 끝없이 '비폭력'을 외치고 있건만, 보수언론은 마치 과격 폭력시위를 기다리고 있기라도 한 것처럼 지나간 시대의 화염병과 쇠파이프를 상기시킨다. 시위의 근원에 대한 진단과 처방은 간데없고, 불법시위는 과감하게 엄벌에 처하라는 선동이 한창이다. 오늘의 한심한 상황을 초래한 것은 대통령과 관료들의 정책적 무능이건만, 이에 대해 고언하는 자나 책임지는 자는 아무도 없다. 사태의 직접적인 책임자인 농수산식품부 장관은 사태가 이 지경에 이르렀는데도 사임할 생각은 하지 않고, 교육부 장관은 때 아닌 모교 지원이라면서 혈세 낭비를 부추기고, 기획재정부 장관은 결코 가능하지 않은 7·4·7 경제성장을 밀어붙이기 위해 고환율 정책을 고수해 국민들로 하여금 제2의 IMF를 진심으로 염려하게 만들고 있다.

　출범 초기부터 이완된 공직자로서의 윤리의식과 정책 전문성에 대한 회의를 갖게 하기 충분한 인사들이 청와대에 대거 들어간 것도 모자라, 무슨 점령군처럼 현행법을 위반하면서까지 행정부의 관료들이 임기가 법적으로 보장되어 있는 각종 공기업의 임원들의 자진퇴출을 강권하는가 하면, 방송위원장까지 나서서 공영방송의 사장을 물러나라고 선동이나 하고 있으니, 이것이야말로 지나간 '무인시대'와 무엇이 다른 것인지, 한국의 역사적 시계가 기억하고 싶지 않은 낡은 시대로 불시착한 것인지 헷갈린다. 리더십의 부재와 정책 실패로 인한 민심 이반이 극에 달하고 있는 것이 오늘의 현실이라면, 이에 책임져야 할 여당은 행정부에 대한 견제와 과감한 고언 그리고 내부비판을 통해 책임 있는 정국운영의 자세를 보여주어야 한다. 그러나 오늘의 야당은 '친박세력' 복당 문제를 둘러싼 손익계산서를 두드리는 데 여념이 없고, 국민적 불신에 기름 붓는 격으로 '배후설'을 유포하는 식의 괴담정치에 일조하고 있을 뿐이다.

'잃어버린 10년'이라고 지난 정권을 비판하면서 등장한 집권세력이, 지난 3개월 동안 국민에게 돌려준 것은 과연 무엇이냐고 묻고 싶다. 대통령은 취임 100일을 맞이하여 국민과의 소통 방식이 문제였다고 고백했지만, 오늘의 국민들은 소통 방식은 물론이고 이 정부의 국정에 대한 '사고방식' 자체가 문제라고 말한다.

명색이 '실용정부'를 자처하지만, 쇠고기 협상에서 나타났듯 국민의 건강권을 치명적으로 위협할 수 있는 졸속협상을 하질 않나, 일본 방문에서 드러나듯 이완된 역사의식을 드러내 결과적으로 일본 내 극우세력의 '독도영유권' 문제를 점화시키지 않나, 촛불시위에 참여한 시민들을 일컬어 '재미'로 나온 거 아니냐고 말해 국민감정을 자극하지 않나, 정부의 오도된 시국인식을 열거하자면 그 끝이 도무지 보이지 않는다.

이명박 정부는 민주주의의 근본에 대해 다시 생각해야 한다. 권력은 국민으로부터 나온다는 민주주의의 근원적 기초에 대한 성숙한 이해 없이 권위주의와 시장절대주의를 용인해 지속적으로 사회 윤리를 붕괴시킨다면, 그것은 부메랑이 되어 집권세력의 안정성을 급속히 침식시킬 것이다. 대통령을 포함하여 관료들은 '입'을 열어 말하기보다 '귀'를 열어 고조되고 있는 민심의 파도소리를 경청하라. 촛불의 아름다움에서 '배후'나 유추하는 수준의 천박한 상상력이란 들끓는 시국에 기름 붓는 만용에 불과하다. 당나귀 귀도 아닐 텐데, 왜 국민들의 외침에 깃든 분노의 목소리를 못 듣는가. 아니면 귀를 막았나. 2008. 5. 28.

한국의 대법원 로비에는 이른바 '정의의 여신상'이라는 조형물이 있다. 그 여신은 눈을 감고 있는데, 한 손에는 저울을 다른 한 손에는 법전을 들고 있다. 저울은 양형기준의 형평성을, 법전은 법치의 엄격성을 상징하는 듯싶다. 그런데 여신은 왜 눈을 감고 있는가. 정의로운 법적 판단을 불가능하게 하는 잡다한 유혹을 차단하기 위한 결연한 자세라고 설명되곤 한다.

나는 이 조형물을 볼 때마다 한 가지 아쉬움을 느낀다. '칼'이 빠져 있기 때문이다. 세계적으로 산재되어 있는 '정의의 여신상'의 여러 형태를 보면, 그 미묘한 형태론적 차이에도 불구하고 '법전' 대신 '칼'을 들고 있는 모습을 흔히 발견하게 된다. 그 칼이 상징하는 것은 법 집행의 엄정함과 공명정대함일 텐데, 우리의 여신께서는 못다 한 고시공부를 아직도 하고 있는 것일까. 긴 칼은 어디로 가고 없다.

게다가 여신께서 들고 있는 저울이라는 것 역시 현실 재판 속에서 판결의 엄밀한 형평성과는 거리가 멀어 보일 때가 많다. 영혼의 무게를 측량하지 못하듯, 죄의 무게를 측량하는 것은 어려운 일인데, 최근의 재판을 보면 죄의 반대편에 오르는 것이 '정의'가 아니라 '황금덩어리'인 것 같다.

보통 사람이라면 헤아리기 어려운 거액의 회사 돈을 횡령하고 배임한 재벌이, 그 기묘한 저울 위에서는 경제인으로서 사회에 기여한 바 크다는 엉뚱한 정상참작이 이루어진다. 세간에는 '북창동 습격사건'으로 희화화되는 명백한 폭행사건에 '아버지의 정'이라는 엉뚱한 수사가 개입되면서, 집행유예 선고가 남발된다. 저울이 고장 난 것인지, 아니면 법전이 잘못 인쇄된 건지, 이조차도 아니라면 눈 감은 여신이 깜빡깜빡 졸고 있는 것인지, 알쏭달쏭할 때가 한두 번이 아니다.

나는 여신이 졸고 있는 것이 분명하다고 생각하는데, 자신의 성 정체성에도 불구하고 일련의 성추행 재판에서 기묘하게도 가해자를 옹호하고 있는 면모를 보면 그렇다. 여기자를 성추행한 야당의 한 국회의원에 대해 법원은 '고도의 가해의사'가 없었다는 동정론을 펼친다. 만취 상태의 폭탄주 문화 앞에서 정의의 여신은 졸고 있었던 것이다. 여직원에게 술 따르기를 강요한 남성 상사에 대해서는 '미풍양속'을 거론하는 엉뚱한 정상참작이 거론된다. 전직 국가대표 농구감독이 선수들을 자신의 방으로 불러들여 성추행했는데도 '농구 발전에 기여'했다는 이유로 집행유예 판결이 내려진다.

아무래도 우리의 정의의 여신께서는 수치심을 모르는 것 같다. 정의는 온데간데없고, 돈과 권력과 미풍양속으로 치장된 남근주의가 여신의 저울 위에서 춤추고 있다. 상식의 눈금으로도 측량할 수 있는 사회적 범죄 앞에서, 비문투성이의 기묘한 고어로 구성된 판결문의 만연체는 자주 황사바람을 날리고 있다. 법의 정의는 무력한 여신과 함께 꾸벅꾸벅 졸고 있고, 여신이 어딘가에 팽개친 녹슨 칼은 가난한 고물상에 팔려나간 듯싶다. 국가가 시장에 권력을 이양해주었다는 말도 진실인 것 같다. 회사 돈을 횡령한 재벌 총수가 오늘은 남북 정상회담의 특별수행원으로 선정된 걸 보니 말이다.

독재 시절 한국의 법원은 국가권력의 하수인이라는 조롱을 받았다. 그것이 사실이었기에 법에 대한 국민적 불신은 냉소에 가까웠다. 오늘의 법원은 자본권력 앞에서, 소피스트들이 쓸 법한 문장들을 판결문에 적고 있다. 냉소와 불신을 넘어 조소의 분위기가 국민들의 마음을 장악하고 있다.

그래서 나는 여신에게 이렇게 권유하고 싶다. 졸고 있는 여신이여, 이제 칼을 들라. 2007. 9. 12.

연애 불가능의 풍속

청년의 시대를 특징짓는 것은 사랑과 연애, 그리고 혁명이었다. 연애란 그래서 근대의 발명품이기도 했던 것인데, 근대 계몽주의는 독일 낭만주의가 환기시키는 질풍노도의 시대였고, 그것은 루소적인 '제2의 탄생'을 특징짓는 성숙의 한 계기이자 재탄생의 조건이었다. 괴테의 『빌헬름 마이스터의 수업시대』나 『젊은 베르테르의 슬픔』, 스탕달의 『적과 흑』이나 톨스토이의 『안나 카레니나』 등에서, 장엄하게 울려 퍼졌던 청춘남녀들, 미혼과 기혼, 불륜과 비륜非倫의 타는 듯한 갈망은 그러한 시대의 연애 풍속을 대변한다.

시선을 조선 쪽으로 돌려도 일본의 오자키 고요尾崎紅葉의 『금색야차金色夜叉』가 조중환에 의해 『장한몽』(1913)으로 번안되고, 그 열풍이 이수일과 심순애, 김중배의 삼각관계로 신파新派의 열기를 뿜었을 때, 이 역시 청년과 근대, 그리고 연애의 완결된 삼각관계를 뚜렷이 보여주는 사건이었던 것이다. 이광수의 『무정』이나 『유정』을 포함하여 이 시기 이후 발표된 모든 소설 속에 등장하는 연애는 다들 그런 시대의 낙관주의나 우울과 내통하고 있었다.

그러나 시선을 현재로 돌려보면, '연애'를 둘러싼 찬연한 낭만적 이미지는 이미 가고 없는 가을 낙엽과 같은 것이다. 오늘날 청년들의 현실은 객관적으로 연애 불가능, 결혼 불가능, 육아 불가능이라는 '3포 세대'의 시대인 것이 갈수록 분명해지는 것이어서, 연애라는 말의 낯섦이 더욱 친숙하게 느껴지는 것이다.

이십대의 대학생이나 사십대의 미혼이고를 막론하고, 오늘날의 미혼 청춘들은 각종의 폐색된 삶의 조건으로 포위되어 있다. 일단 이십대에 막 진입한 대학생들은 대학이라는 제도적 공간이 허용하는 '책임 면제 상태'의 자유를 향유하지 못하고, 각종 스펙 경쟁과 등록금 충당을 위한 대출 구조 속에서 채무자로 전락하고 있다. 고용 불안정은 매우 심각한 것이어서, '연애 활동 인구'에 속해야 할 청년들의 실업률은 가파르게 고조되고 있을 뿐만 아니라, 정규직·비정규직 여부를 불문하고 과도한 근무시간은 연애에 투입할 리비도 에너지의 신진대사를 봉쇄시킨다.

결혼 역시 최근의 '허니문 푸어'라는 조어가 상기시키듯 또 다른 부채경제로의 편입 또는 노예적 제도화의 경로로 인식되고 있다. 이런 까닭인지, 과거라면 중년으로 분류될 35~39세 남성들의 미혼 비율은 26.9%를, 같은 연령대 여성들의 미혼 비율은 28.5%를 점유하고 있는 실정이다.

결혼이 연애의 전제 조건인 것은 아니지만, 풍속적·제도적으로 강조되는 결혼조차도 마다하고 있는 21세기의 청년들에게, 그렇다고 해서 연애의 대안적 활동과 네트워크가 열려 있는 것은 아니다. 반대로 그들은 약속 없는 미래라는 명백한 현실 속에서 불가능한 연애를 가능한 방식으로 지속하는 세대적 안간힘을 보여주고 있다.

『파시즘의 대중심리』에서 빌헬름 라이히는 "파시즘은 사랑이 충만한 봄날, 생명체에 달라붙어 고삐 풀린 살인 충동을 만끽하는 흡혈귀이다"라고 말한 바 있는데, 오늘과 같은 '연애의 종언'은 자본의 파시즘(금융자본주의)이 그 어느 때보다도 극렬한 상황임을 잘 보여주고 있다.

실로 자본의 불평등한 배분이 오늘의 연애 풍속을 질식시키고 있음은 다양한 사례를 통해 확인할 수 있다. 가령 지상파 프로그램에서 방영되는 리얼리티 연애 프로그램은 이를 잘 보여준다. 남녀 연예인들이 출연하여 결혼생활을 가장해 연기하는 〈우리 결혼했어요〉라든가 불특정 다수의 남녀들이 그들의 나이와 직업을 은폐한 채로 만나 일주일간 합숙한 끝에 파트너를 선정하는 〈짝〉 등이 그런 프로그램들이다.

〈우리 결혼했어요〉의 경우는 오늘날 문화적 귀족이 된 스타급의 연예인들을 출연시켜 낭만적인 연애의 환상을 잔뜩 불어넣는다. 그러나 이들은 연애와 결혼을 둘러싸고 있는 현실적인 장애와는 완전히 무관한 연기에 심취하고 있다. 이들에게는 청년들이 현실적으로 직면하게 되는 일상의 경제적 곤란은 존재하지 않으며, 연애에서 결혼으로 관계 형성이 진화하는 과정에서 직면하게 될 성적 갈등은 부재하고, 주거 공간의 확보를 둘러싼 현실의 복마전과 같은 장애나 직업과 외모, 가족 간 갈등은 애초에 봉쇄되어 있다. 연애와 결혼을 둘러싼 이러한 초월적이고 낭만적인 판타지야말로 이 프로그램에 대한 시청자들의 몰입도를 높여주는 근거인데, 그것은 마치 상실한 유년 시절의 소꿉장난을 성인이 되어서야 뒤늦게 재발견한 데서 오는 기쁨 또는 유아기적 퇴행에 가까운 것이다.

반면, 〈짝〉의 경우는 오늘의 연애 풍속과 결혼을 둘러싼 관계 형성이 명백하게 자본과 외모의 정략적 결합에 불과하다는 것을 노골적으로 보여준다. 프로그램의 도입부에서는 '남자 1호' '여자 1호' 하는 식으로 인격을 사물화시켜 부르면서, 잠재적 파트너인 남녀들이 이성들에게 서로의 육체적인 매력을 뽐내면서 접근한다. 초기 단계에 이들은 그들의 직업이나 인성과 관련된 모든 정보를 은폐한 채로 만나기에, 그것은 최초 단계의 순수한 연애감정을 재현하는 것처럼 보인다.

그러나 시간이 지속되면서 결국 이들은 그들의 학력과 직업, 가족관계 등을 포함한 사회적 자본을 과시하고, 더 나아가서는 연애와 결혼에 대한 그들의 노골적인 기대감을 표출시키면서 바야흐로 진정한 자신의 짝(?)을 만나게 되는 것이다. 그렇게 해서 형성된 파트너들은 대개 이 시대가 사회적으로 구조화시킨 짝짓기의 법칙을 재확인시킨다. 여성이 남성에게 기대하는 선망감은 충분한 수입이 보장되는 견고한 직업이며, 남성이 여성에게 기대하는 이상은 탁월한 외모 이상도 이하도 아니라는 것이다. 유아기적 퇴행에 비하자면, 냉혹한 현실의 리얼리티를 반영하는 이해관계에 기반한 관계 형성이라 할 수 있겠다.

그것이 유아기적 퇴행이건 아니면 이해관계에 기반한 관계 형성이건, 분명해 보이는 것은 오늘날의 연애의 목표 영역이 만남을 통해 형성되는 자아 성숙이나 공감의 연대감과는 무관한 시장에서의 상품 소비 또는 욕망의 비즈니스와 유사해졌다는 사실일 것이다.

연애가 하나의 상품 소비와 유사해졌다는 사실은 여러 사례에서 확인될 수 있다. 가장 극적인 사례는 심각한 사회적 문제로 대두되고 있는 농촌 거주 남성을 포함한 사회적 소외 그룹의 '신부 공동구매' 현상일 것이다. 거스를 수 없는 도시화의 추세 속에서, 농촌에 거주하고 있는 남성들은 혼처를 구하지 못하고 있고, 이것이 일종의 사회적 문제로 대두하자 합법적·불법적 소개 중매 회사들이 동남아를 포함한 개발도상국 여성들과의 만남을 상업화하고 있다. 다 그런 것은 아니지만 상당수의 농촌 총각들이 중개 회사에 상당한 액수의 비용을 치르고 제3국으로 건너가 그야말로 신부를 공동구매하는 현상은 한국뿐만 아니라, 신자유주의가 완숙해진 일본이나 도상에 있는 중국 등지에서도 공통적으로 나타나는 현상이다.

농촌 총각에 비하자면 경제적으로 좀 더 나은 조건에 있는 청년 계층이라고 해서 사정이 더 나은 것은 아니다. 통계에 따르면 한국에는 공식적으로 500여 개가 넘는 결혼정보회사가 존재하는데, 이 정보회사를 통해서 한국의 청춘남녀들이 적절한 계층적 짝짓기를 시도하고 있는 현상은 이미 드문 사례가 아닌 것이다. 어찌 보면 외모와 직업, 학력과 부동산 소유 여부를 기준으로 각각의 사람에게 등급을 매기고, 이러한 분류체계에 입각하여 남성과 여성을 짝짓기하는 행태는 종래의 중매 형태의 산업적 변신이라고 보는 것이 타당하다.

그렇다면 오늘날의 청년들은 왜 연애를 기피하거나 회피하는가? 내 판단에는 연애를 포함한 관계 형성에 동반될 갈등의 과정을 인내하면서 타자에 대한 이해를 심화하고 확장하려는 경향 자체를 피로하게 생각하기 때문이 아닌가 하는 생각이 든다. 가령 다음과 같은 평범한 연애의 과정을 생각해보도록 하자. 한 남성이 혹은 한 여성이 상대에게 매력을 느꼈다고 하자. 과거 같으면 관계 형성의 과정 속에서 기대치를 충족하거나 결핍을 경험했을 확률이 높다.

그러나 오늘날의 청년들은 갈등을 사전에 방지하거나 회피하려는 경향이 커서, 연애를 결심하기 이전에 상대에 대한 사전조사를 자못 꼼꼼하게 진행한다. 먼저 연애의 잠재 대상이 될 상대의 사진 이미지를 휴대폰으로 전송받는다. 그러나 외모만으로 상대와의 관계를 확정하는 것은 어리석다. 인터넷의 검색 프로그램을 활용하여, 만나고자 하는 대상의 정보를 다채로운 경로로 확인한다. 싸이월드나 개인 블로그를 방문하여 평소 이 사람이 어떤 생각을 갖고 있고 취미는 무엇이며 장래희망과 기타 친밀하게 생각하는 또래 집단은 어떠한가를 탐사한다. SNS 검색을 통해서 일상 속에서의 동선과 대화의 주제를 유추해보고, 그렇게 해서 얻은 전체적인 인성의 아비투스(성향체계)를 유추해본 후 관계 형성을 시도한다.

만남의 과정 속에서 서로를 알기보다는 정보의 형태로 축적된 선

관념을 가지고 상대에게 접근하기 때문에, 실패의 확률이 적다고 생각한다. 그러나 만일 사전에 파악한 정보와 일치하지 않는 삶의 방식이 노출되면 갈등 의제가 증폭될 확률이 높아지기 때문에 지속적인 관계 형성의 장애로 작용한다. 이런 과정이 반복되다 보면, 관계를 지속하는 데 피로감을 느끼고 더 나아가서는 관계를 회피하거나 단절하려는 경향성이 강화되는데 이는 연애의 정념조차도 손익판단과 이해관계의 합리적 계산행위에서 비롯된 것이기 때문에 나타나는 현상이다.

그러나 이러한 '합리적' 선택이 아닌 정념의 선택을 따라 연애를 시작한다고 해도 장애는 만만치 않다. 대학생을 포함한 비경제활동인구에 속하는 청년들 역시, 실질적으로는 스펙 경쟁을 포함한 학업 스트레스와 학자금 및 생활비 융통을 위한 저임금 파트타임 노동에 종사하는 일이 일반화되어 있기 때문에, 연애에 필요한 경비와 시간을 확보하기 어렵다. 청년 직장인들의 경우 역시 세계에서 유례를 찾아볼 수 없는 장시간 노동과 고용 불안정 때문에 미래에 대한 안정적인 전망을 설계하기 어렵고, 따라서 자유시간의 대부분을 자기계발이나 내일의 노동을 위한 휴식으로 대체하는 경향이 크다.

내가 개인적으로 인터뷰했던 많은 수의 청년들은 연애에 대한 낭만적인 기대가 있기는 하되, 그것이 실제로 진행될 경우 치러야 할 경제적·심리적 불안정성 때문에 그것을 회피하거나 단념했다는 식의 발언을 종종 했다.

가령 한 대학생은 오늘날의 연애 풍속을 다음과 같이 간략하게 요약했다. 과거에 비하자면 오늘날의 청년들은 연애 상대자와의 관계를 장기화하는 경향이 많다. 쉽게 만나고 헤어지는 것이 요즘 청년들의 세태라고 기성세대들은 오해하지만, 그것은 거품경제 시대의 풍속일 뿐이다. 연애의 대상이 계속해서 바뀔 경우 그것은 연애에 따르는 경제적·심리적 비용의 급격한 상승을 유발하기 때문에 회피된다.

그러나 관계가 장기화된다고 해서 그것이 결혼과 같은 목적론적 전망을 예정하고 있는 것은 아니다. 미래에 대한 약속이란 남성이든 여성이든 사치스럽기 짝이 없는 것이어서, 그것을 암시하는 발언은 서로가 암묵적으로 회피한다.

현실적으로 분명해 보이는 것은 오늘의 고독과 소외와 불안이다. 연애란 이러한 청춘의 불안을 미래에 대한 아무런 기대 없이 오늘의 현재 속에서 망각하거나 상쇄시키는 사회적 행위다. 하지만 의도야 어쨌든 연애의 실천에는 시간과 돈의 압력을 피해가기 어렵다.

서구와 같은 경우는 이러한 경제적 압력을 피해가기 위한 '생계형 동거'가 증가하는 추세다. 그러나 한국의 청년들은 그것을 가능케 할 거주 공간의 안정성이 박탈되어 있다. 과거 같으면 자취방을 중심으로 생계형 동거라도 시도해보고, 연애에 필연적으로 동반되는 성적 욕망의 충족을 위해 모텔을 활용하고, 남들도 다 하는 문화생활을 하는 것이 필수적인 요건이었겠지만, 오늘의 청년들은 대체로 가난해서 멀티방을 선호한다.

멀티방은 노래방과 비디오방, PC방과 같은 기능이 통합되어 있는 새로운 복합유흥공간이다. 이용비는 시간당 만 원 내외인데, 커피나 과자 등이 무한 리필되어 청년들에게 인기다. 많은 수의 청년들이 멀티방을 이용하는 것은 경제적 효율성 때문이다. 이들은 영화를 보고, 차를 마시고, 식사와 술을 곁들이고, 모텔로 향하게 되는 전통적인 데이트 코스가 초래하는 막대한 비용에 부담을 느낀다. 그런데 멀티방에서는 이 모든 것이 원스톱 서비스로 가능하다. 대개의 밀폐된 '방'의 구조가 그렇듯, 이곳에서는 연애에 필수적인 은밀한 친밀성의 기대가 충족될 것이라는 희망이 있다.

그러나 이 역시 상업적 공간에 불과할 뿐이고, 연애에 동반되는 은밀한 기대와 관계 형성의 욕망을 제한된 시간당 비용으로 일시적으로 충족시키는 공간일 뿐이기에 그 한계는 명백하다고 할 수 있다.

오늘날 청년들의 연애를 어렵게 하는 또 한 가지의 요소는 사이버 스페이스나 변형 성매매의 기제들이 폭발적으로 늘고 있다는 사실 역시 일조한다. 특히 남성들을 대상으로 한 성매매 기제들은 다양하게 번창하고 있다. 직장인 기성세대들이 활용하는 룸살롱이나 단란주점은 가령 선배 따라 강남 간다고, 취업과 고시합격 등 뭔가 특기할 만한 이벤트가 있으면 '단란 가자'고 부추긴다. 각종의 안마방이나 휴게텔, 성인 PC방, 최근 들어서는 대학가를 중심으로 우후죽순 늘고 있는 키스방이나 세칭 '대딸방' 등은 법망을 피해 여전히 성업 중이다. 심지어는 미모 여성 대리운전이라는 메시지도 휴대폰에 속속 도착한다.

시선을 사이버 스페이스로 돌리면, 하루에도 몇 통씩 스팸 메일함에 쌓이는 즉석 만남이나 성 구매 광고들이 번성하고 있다. 이에 비하면 늦은 밤 도심에 뿌려지는 호스트바 광고는 차라리 이색적이다.

오늘날 '연애'라는 말에 담긴 낭만적 이미지는 가고 없는 사어이다. 연애에 대해 글을 쓰기 위해 만나본 기성세대들은 "연애는 유부남 유부녀들이 하는 거지, 무슨 청년이 연애냐" 하는 농담 같은 진담을 자주 한다.

실로 우리 시대의 연애는 '사랑'이나 '친밀감'과 같은 이상과 불화하는 기표이다. 이 극단화된 자본파시즘의 사회에서 청년들의 연애는 생존의 피로를 일시적으로 망각시키는 안쓰러움의 형태를 띠고 있다. 반면 이제는 배 나온 기성세대들에게 '연애'란 기표는 혼외관계에서 기대함직한 낯선 육체와의 농밀한 랑데부 정도로 치부되고 있다.

기묘하게도 미디어의 차원이나 풍속산업의 차원을 보면, 연애라는 수사는 여전히 강력하게 남발되고 있는 것처럼 보이며 추파 던지듯 권유되고 있는 것처럼 보인다. 그러나 현실의 실재를 자못 진지하게 탐색해보면, 오늘의 시대는 마치 극단적인 금욕과 수도원에서의 고립이 강조되는 암흑기처럼 느껴진다.

오늘의 시대는 연애 불가능의 시대다. 자기만의 방도 없고, 스스로의 독립성을 유지할 물적 안정성도 없으며, 관계 형성에 필요한 자아의 개방과 타자에 대한 공감 능력이 상실된 시대에, 여전히 두

남녀가 만나 성숙한 밤의 포옹을 경험할 수 있다는 것은 차라리 기적처럼 느껴진다. 누가 연애를 자아탐구의 기획이라 했던가. 어떤 차원에서 보면 오늘의 연애 풍속은 각자의 누추한 방에 고립된 히키코모리引きこもり의 외부세계에 대한 공포를 닮아 있다. 혁명은 물론이거니와 에로스 혁명도 필요해 보인다. 2012. 3.

　상식을 가진 사람이라면 오늘의 일상이 재난에 가까운 공황감각과 좌절감으로 충만해 있다는 사실을 부정하기는 어렵다. 특히 민주주의의 위기가 단순히 제도정치의 난맥상으로 그치는 것이 아니라, 생활세계 전반의 붕괴를 초래하고 있다는 사실에 대해 눈감기 어렵다.

　한국 사회의 가장 어두운 본질을 폭로하고 있는 사건은 용산참사다. 1970년대 산업화의 비인간적인 폭력성을 고발한 소설가 조세희조차 이 사건 앞에서 국가폭력에 의한 학살이라는 비탄을 고백할 정도로 그 사건은 충격적이었다. 이 사건이 충격적인 것은 단순히 재개발 구역의 철거민이 공권력의 진압의 와중에 사망했다는 것으로 그치지 않는다.

　사실 지금까지의 사태 전개 과정을 지켜보면서 깨닫게 되는 것은 우리가 한국이라고 하는 공동체 안에서 인간의 표식이라고 간주했던 많은 것들이 거침없이 붕괴하고 있다는 사실 때문에 더욱 충격적이다.

나는 특히 죽음을 통한 불가항력적인 항의에 대해서조차 거듭 모욕을 가하는 폭력의 불감증이 위험수위에 도달해 있는 것이 아닌가 하는 생각 때문에 불길하다. 알려진 것처럼 용산참사에서 희생된 사람들은 재개발 이전까지는 한국 사회의 평범한 중간계급에 속한 자영업자들이었다. 그들은 생존권을 요구했을 뿐이다. 그들은 자신들이 생계를 도모해왔던 바로 그 장소에서 계속 먹고살고 싶다는 기본욕구를 표명했다는 사실 때문에 결국 죽음에 이르렀다.

그런 그들이 용역과 경찰특공대의 진압작전의 와중에 희생된 것은 생존권을 보호하기 위해 있어야 할 공권력의 존재근거에 의문을 표하기에 충분하다. 게다가 그 최초의 죽음이 비인간적인 공권력의 진압에 의한 것도 충격이지만, 사건 발생 이후 공권력이 보여준 거듭되는 모욕은 도대체가 상상을 초월하는 일이기도 했다.

어떤 생각의 차이가 있을지라도 적어도 한국인들의 뿌리 깊은 공동체의 감각 속에는 그것이 억울한 죽음이건 자연사이건 막론하고, 망자에 대한 예를 지키는 일에 대해서는 거의 필사적이라고 해도 과언이 아닌 공통된 사고방식을 공유해왔다. 우리가 흔히 관혼상제로 일컫는 전통적인 사고방식에서도 죽음에 대한 예는 매우 본질적인 생활윤리로 정착된 것이어서, 망자의 죽음을 모욕하는 일은 생각할 수도 없었다.

그러나 용산참사 이후의 사태는 그러한 공동체의 상식조차도 이제는 용인할 수 없는 지경으로 타락하고 있는 현 상황을 잘 보여주고 있다. 억울하게 죽어간 사람들의 희생에 대해 국가는 결코 사죄하지 않았다. 반대로 국가와 공권력은 그 죽음을 '테러리즘'으로 비난했는데, 이는 뒤집어 말하면 그 죽임의 과정 자체의 정당성을 옹호한 것에 불과하다. 거기서 더 나아가 장례조차 치르지 못한 유가족을 모욕하고 폭행하는 일을 멈추지 않았다. 다른 모든 것을 떠나 인간이라면 당연히 품고 있어야 마땅할 사람의 윤리를 붕괴시키는 주체가 국가 공권력이라는 사실은 얼마나 불길한가.

최근의 쌍용차 파업 사태 역시 사람의 윤리가 붕괴되고 있는 것의 명백한 징후로 이해될 수 있는 풍경이다. 가장 대표적인 것은 파업이 불법이라며 파업 노동자가 거주하고 있는 도장공장의 식수와 전력을 끊어버리는 회사 측의 행태다. 이것은 파업을 풀지 않으면 거기서 죽어도 상관없다는 극단적인 의사표시가 아닐 수 없다. 설사 노동자들의 파업을 용인할 수 없다는 회사 측의 생각이 가능한 발상이라고 하더라도, 파업 노동자들의 생물학적인 생존 자체를 그들이 봉쇄할 권리는 없다.

게다가 이 사태가 더욱 비극적인 것은 회사에서 잘린 사원과 살아남은 사원들이 한때 같은 처지에 있었던 공동체의 성원이면서도, 결국은 자기 생존을 위해서 적자생존의 비정한 싸움의 주체로 나서게 만든 사 측의 비열함이다.

정도의 차이는 있지만 모욕받은 당사자들이 서로의 뺨을 아주 모욕적으로 때리게 하는 것과 비슷한 장면을 현실 속에서 우리는 여러 번 목격하고 있다. 그러면서도 많은 사람들은 그 모욕감이 살기 위해서는 어쩔 수 없이 거쳐가야 하는 길이라고 체념하고 있다. 이 체념과 방관 속에서 사람의 윤리는 깊이 병들어가고 있다. 사람됨이 위협받고 있는 것이다. 2009. 8. 3.

무슨 해결이
나야지

한 인터넷 언론에 실린 뉴스를 보니, 서울시청 맞은편 대한문 앞에서 천막을 쳐놓고 돌아가신 스물두 명의 노동자들의 죽음을 추모하던 쌍용자동차 노조의 텐트가 철거되었다는 기사가 있었다. 스냅샷으로 찍은 한 장의 사진에는 하얀 소화기 분말이 안개처럼 떠오르고 있고, 힘없는 노동자들이 '폴리스' 조끼를 입은 경찰들에 의해 끌려가는 사진도 있었다. 충혈된 눈으로 기사를 더 읽어내려가 보니, 5월 25일의 말단 공권력은 쓰레기차에 천막은 물론 고인들의 영정사진까지 싣고 어디론가 떠났다고 한다.

그런데 또 다른 기사에는 서울구치소에 갇혀 있어야 할 대통령의 멘토였던 전직 방통위원장 최시중이 법원의 판결도 없었는데 수술을 이유로 병원으로 나갔다는 기사가 실려 있다. 이 기막힌 기사의 콘트라스트 앞에서, 낮은 저음으로 우우거리고 싶은 것이 내 마음의 콘트라베이스의 심정일 텐데, 생각해보니 이것은 기시감을 말할 것도 없이 이미 수십 년간 반복되던 이 땅의 상투적 풍경이더라.

'자유로운 개인들의 연합'이라는 어느 수염이 풍성한 독일인의 꿈은 한낱 미몽이더라. 조세희의 『난장이가 쏘아올린 작은 공』을 출퇴근길 모두가 이어폰을 꽂거나 스크린을 터치하고 있어 조용한 지하철에서 다시 읽어본 게 엊그제 일인데, 수십 년 전의 그 일이 마치 지금의 현실 같더라. 책을 열면 처음 나오는 「뫼비우스의 띠」나 책의 끝에 있는 「에필로그」의 수학 선생의 탄식이 꼭 소설 속만의 일인 것은 아니어서, 백묵 대신 수성매직을 들고 보드판에 '자유'와 '정의'를 적어본다 한들, 없더라, 이 불평등의 지독한 반복을 끝맺을 마침표란 것은.

수학 선생이 예비고사를 앞둔 학생들을 향해 굴뚝의 비유를 들었는데, 굴뚝청소를 한 두 아이 가운데 한 아이는 얼굴이 하얗고 한 아이는 더러웠다고 말했다. 과연 누가 얼굴을 닦겠는가? 제군들은 말한다. 더러운 아이가 닦는 게 아니냐고. 선생은 고개를 젓는데, 아마 제 얼굴이 하얀 아이가 씻었을 것이다. 왜냐하면 그가 바라본 타인의 얼굴이 더러우니까 제 얼굴도 더럽다고 느꼈을 것이 아니냐는 것이 답변이다.

얼굴은 윤리적인 것이다. 타인의 선량한 눈동자 앞에서, 제아무리 강퍅한 치들이라 해도, 그 눈빛을 매몰차게 부정하는 일은 어렵다. 철학자 레비나스를 들 것도 없이 우리는 타인의 얼굴에서 나의 얼굴을 본다. '타자의 현상학'이라고 어렵게 말할 것도 없이, 적어도, 최소한 이런 윤리감각이 있는 사람들이었다면, 제 아무리 마음이 시멘트처럼 굳어버린 용역들일지라도, 꼽추와 난쟁이의 집을 부수기 전에, 그들의 눈길을 피했다는 것을 우리는 이해할 수 있다. 이것이 염치라는 것이다.

수학 선생은 또 바보처럼 똑같은 문제를 낸다. 학생들은 선생이 왜 저런 바보 같은 문제를 내나 하면서, 우리는 이미 답을 알고 있다고 말한다. 그러자 선생이 말한다. "그 답은 틀렸다." 학생들은 묻는다. "왜 그렇습니까?" 다시 수학 선생이 말한다. "두 아이는 똑같은 굴뚝을 청소했다. 따라서 한 아이의 얼굴이 깨끗한데 다른 한 아이의 얼굴은 더럽다는 일은 있을 수가 없다."

그러나 있을 수 없다고 생각하는 일이 이 세계에는 매우 빈번하게 반복된다. 그 반복은 악순환이다. 이런 악순환은 심각하고 더 파괴적으로, 더 넓은 공간과 세계 속에서 발생한다. '신자유주의' 탓이라 말하는 것이 틀린 것은 아니지만, 이는 인간의 심성의 파괴와 노예적으로 화폐에 종속되어 최소한의 염치 등속의 인간다움을 상실한 공감 불능의 오늘의 비정한 현실에 대해 다시 생각하게 만든다. 우리는 인간이었다가 화폐에 종속된 탐욕스러운 동물이 되었다가, 바야흐로 사물 직전에 처해 있는 게 아닌가.

모든 고통의 장소엔 울음이 넘쳐난다. 그런데 그것이 들리지 않는다. 모든 비참의 장소엔 상처받은 처연한 눈빛들이 있다. 하지만 그것은 보이지 않는다. 모든 재앙의 장소엔 절박한 몸부림이 있다. 그런데 그것이 감지되지 않는다. 아니, 그렇기보다는 울음과 눈빛과 몸부림은 없는 것으로 간주되고, 집과 도로와 산과 강들은 저 거대한 기계와 일당 탓에 감정을 상실해버린 국가의 공권력과 자본의 사권력에 의해 분쇄된다. 유령이 된 것이다.

무너지는 것은 철거민들의 집만이 아니다. 그것은 한 촘촘한 역사의 붕괴를 의미한다. 조세희의 소설 속에서 피투성이로 폭행당하고 있는 꼽추와 앉은뱅이와 난쟁이들의 '영혼의 역사'는 감당할 수 없는 거인이 된 국가와 자본에 의해 부정되고 삭제된다. 그런데 부정되는 것은 선생도 마찬가지다. 「뫼비우스의 띠」에서 '굴뚝의 비유'를 역설하던 수학 선생은 「에필로그」에 오면 예비고사에서 학생들의 수학 성적이 나쁘다며 "윤리를 맡으라는 통보"를 받게 된다.

수학 선생에게 윤리를 가르치라는 윤리의식 제로의 기막힌 모순은 소설 속에만 있는 것이 아니다. 오늘의 철거민과 노동자들은 다만 제 삶의 터전에서 살겠다고 저항한 것의 결과로 모든 것을 박탈당하고, 거기에 더해 상상할 수 없는 손해배상 청구소송에 시달리다 절망해 죽어가고 있다.

오늘의 현실에서 보니, 무너지는 것은 이들만이 아니다. 차라리 현실이 잿더미가 아닌가 싶을 정도로 무너져서는 안 될 것들이 무너지고 있는 것이다. 알 만한 승려들이 도박판을 벌이고 성 매수를 했다는 보도가 나오는가 하면, 벌써 수백 일째 파업을 지속하고 있건만 정권은 오불관언吾不關焉이다. 빈자들의 희망이어야 할 한 진보정당은 단상을 점거하고 폭력을 일삼아 여론의 뭇매를 맞고 있고, 이때다 싶은 한국의 공안검찰은 이 정당을 들쑤시고 있다.

「칼날」에서 가정주부인 신애가 "우리는 모두 난쟁이다"라고 말한 것을 기억하고 있다면, 이 세계를 가득 채우고 있는 난쟁이들의 슬품에 우리는 공명해야 하건만. 아, 피로하다. 피로하다 하면서 노동에 녹초가 된 육체와 영혼은 어둠 속에 깊이 잠들어 있다. 이 잠든 사람들 가운데도 '정의'에 대해 생각하는 사람들이 있을 것이다. 가령 「뫼비우스의 띠」에 있는 꼽추와 앉은뱅이를 상기해보자.

앉은뱅이에 비하자면 꼽추는 대가 센 사람이었다. 철거반이 꼽추네 집을 무너뜨렸을 때에도 식사를 하고 있던 꼽추네 가족은 미동도 하지 않았다. 다만 "꼽추는 일어나 하늘만 쳐다보았다". 식구들 역시 그러했고 아무도 울지 않았는데, 이것이 철거용역들에게 무서움을 주었다. 반면, 앉은뱅이는 꼽추에 비해 겁이 많은 편이었다. 쇠망치를 든 사나이가 다가오자 앉은뱅이네 식구는 "길옆으로 비켜 앉으며 집을 가리켰다". 그들의 집도 처참하게 무너졌다.

꼽추와 앉은뱅이는 그 후 어떻게 되었을까? 그들은 "휘발유"를 산다. 철거된 집의 아파트 입주권을 헐값에 사 되파는 "사나이"의 승용차로 다가간다. 이 사나이를 포박하기 위해 전깃줄도 들고 간다. 앉은뱅이가 사내에게 말한다. "우리 집이 없어졌어." 그러나 사내는 듣지 못한다. 앉은뱅이는 다시 말한다. "삼십팔만 원짜리를 십육만 원에 사다 이십이만 원씩이나 더 받고 넘긴다는 건 말이 안 돼." 앉은뱅이의 상식에서는 말이 안 되는 일이 이 사나이에게는 상식이다. 앉은뱅이의 상식과 사나이의 상식은 양립할 수 없다. 앉은뱅이의 상식은 선량하고 아름다운 꿈이다. 사나이의 상식은 이런 도덕 감정 너머의 이윤 동기다. 꿈과 이윤 동기는 양립할 수 없다. 현실에서 꿈은 이윤 동기에 무참하게 짓밟힌다. 그러나 짓밟히는 것을 납득한다면 그것은 꿈이 아니다.

하지만 짓밟히고 있는 꼽추와 앉은뱅이에게 그들의 선량한 상식을 실현할 수 있는 방법이 있는 걸까. 없을 것이다. 아니 없다. 그러나 이들은 있어야 한다고 생각한다. 그래서 그들은 어떻게 되었는가? 먼저 그들은 사나이에게서 "꼭 이십만 원씩 두 뭉치의 돈만 꺼냈다". 이들은 사나이로부터 뺑튀기 된 이윤을 제자리로 되돌린다. 소설을 마저 읽으면 앉은뱅이는 휘발유를 끼얹어 사나이를 살해하는 것으로 암시된다. 그러면서도 "나는 아무도 죽이지 않았어"라고 말한다. 이 말을 선량하게 해석하면 그렇다고 믿고 싶다. 그러나 "울지 않겠다고 이를 악"물던 앉은뱅이에게 "흐르는 눈물은 어쩔 수 없었다".

그런 앉은뱅이에게 꼽추는 이렇게 말한다. "무슨 해결이 나야 말이지." 그러나 무슨 해결이 난단 말인가. 꼽추와 앉은뱅이는 그 후 서커스단을 따라 유랑생활을 하게 된다. 그런데 서커스 단장이 돈이 안 벌린다며 그들을 남겨놓고 야반도주한다. 「에필로그」에서 꼽추와 난쟁이는 고속도로 위에 있다. 그들은 도주한 사장을 찾기 위해 그렇게 길 위에 서 있는 것이다. 꼽추와 앉은뱅이는 같은 처지에 있다는 점에서 하나의 자아이지만, 이 자아가 동일한 것은 아니다. 꼽추는 자신들을 향해 가해지는 폭력에 의연하지만, 앉은뱅이는 겁이 많다.

그런데 겁이 많은 앉은뱅이가 더 크게 분노하고 그 분노를 행동으로 옮긴다. 길 위의 꼽추와 앉은뱅이가 도주한 사장을 찾는 것은 동일하지만, 앉은뱅이는 사장을 찾으면 죽일 것이라고 말한다. 그러자 꼽추는 말한다. "자네 주머니 속의 칼은 이제 버리는 게 좋아." 이렇게 말하는 꼽추는 바로 직전에 이런 말도 한 적이 있다. "자네 속 편할 대로 하라구. 그러나, 내가 언젠가 말했지만, 그래서 무슨 해결이 나야 말이지."

『난장이가 쏘아올린 작은 공』의 프롤로그와 에필로그에 해당하는 소설에서 꼽추는 "무슨 해결이 나야지"라는 말을 반복하고 있다. 그런데 이 연작소설집을 읽다 보면 아무런 해결 없이 비극만이 누적되고 있다. 윤리 선생으로 보직 이동된 수학 선생 역시 해결책이 없으니 소혹성으로 가겠다는 선언을 하고 있다.

이 해결이 부재한 세계의 현실이 오늘까지 이어지고 있다. 한때 거인처럼 역사를 바꿀 수 있다고 믿었던 사람들이 실상 이 소설에 나오는 난쟁이와 꼽추, 앉은뱅이처럼 낮은 목소리와 시선으로 이 차가운 대지 위에서 필사적으로 절규하고 있다. 이제 오늘의 난쟁이들은 난쟁이 김불이가 꿈꾸었던 달나라도 수학 선생이 도피하고자 했던 소혹성도 찾을 만한 여력조차 상실한 듯 보인다.

"무슨 해결이 나야지" 하는 말은 그래도 이 축소된 몸뚱이로 세상을 선량한 상식의 눈으로 바라보려는 사람들이 품고 있는 최저희망이다. 이 최저희망의 가장 구체적인 설계도가 「은강 노동가족의 생계비」에 나와 있다. 독일 하스트로 호수 근처에 있다는 릴리푸트 읍이 그것이다. 이 릴리푸트 읍에 난쟁이 김불이는 가고 싶어 했다. 그곳은 어떤 곳인가.

릴리푸트 읍처럼 안전한 곳은 없다. 집과 가구는 물론이고, 일상생활 용품의 크기가 난장이들에게 맞도록 만들어져 있다. 그곳에는 난장이 의 생활을 위협하는 어떤 종류의 억압, 공포, 불공평, 폭력도 없다. 권 력을 추종자에게 조금씩 나누어주고 무서운 법을 만드는 사람도 없다. 릴리푸트 읍에는 전제자가 없다. 큰 기업도 없고, 공장도 없고, 경영자 도 없다. 여러 나라에서 모인 난장이들은 세계를 자기들에게 맞도록 축소시켰다. (⋯⋯) 거인들이 사는 곳에서는 너무 불행했었다.

이 축소된 세계야말로 꼽추가 질문한 '해결책'이라고 나는 생각 한다. 거인들을 지배하는 화폐경제가 아니라, 이렇게 작고 평등하고 친밀하고 정의로운 세계를 꿈꾸는 것이 진정한 난쟁이들의 해결책 인 것이다. 이것은 마을 규모로 축소된 자치공동체다. 그곳에는 '억 압' '불공평' '폭력' '공포'가 없다. 이런 세계는 없는 세계가 아니라, 과거에는 있었으나 이제는 망각된 세계다. 『난장이가 쏘아올린 작 은 공』은 우리가 잊고 있었던 오래된 미래를 상기하라고 말한다.

상투어를
다시 생각하다

　너무 흔하게 사용되는 말인지라, 일체의 반성적 의식을 무력하게 하는 표현들이 있다. 이를테면 '천민적 자본주의'라는 표현이 그렇다. 속물근성과 파행적인 투기심리를 포함한 자본주의의 어두운 이면을 비판하고자 할 때, 언론에 흔히 등장하는 표현이다. 그런데 나는 이런 표현이 적절치 못하다고 생각한다. 그것은 '천민'이라는 단어에 대한 생각 때문이다. 천민이란 무엇인가. 봉건적 신분질서 속에서 가장 억압당하고 배제된 계층을 일컫는 말이다. 프랑스 인권선언 이후 현대적 인권에 대한 상식적인 이해가 있는 사람이라면, 천민이라는 계층적 조건에 대해 오히려 연민의 시선을 던지는 것이 의미 있는 태도일 것이다. 그렇다면 이 용어를 자본주의를 규탄하는 관형어로 쓰는 것이 과연 온당한 일일까?

　자신과 견해가 다른 사람을 말을 통해 공격할 때 '병리학적 은유'가 흔히 등장한다. 가령 최근 한 정치인이 전임 대통령에 대해 '치매 환자' 운운한 것이 그런 경우다. 대다수 언론은 원로정치인을 그렇게 매도할 수 있느냐고 비판했다. 물론 그런 비판은 정당하고 필요한 일이다. 그러나 내 판단에는 더 '깊은 비판'이 필요했다고 본다. 왜 그럴까. 이는 치매로 고통받고 있는 환자 본인은 물론 가족들을 언어적으로 모욕한 경우에 해당하기 때문이다.

'철밥통'이라는 표현에 대해서도 이의를 제기하고 싶다. 이른바 신자유주의 세계화 체제에 빠지기 전에, 우리 사회는 '철밥통'으로 가득했다. 나는 사람에게 무척 중요한 것 중의 하나가 신분의 안정성에 있다고 생각한다. 비정규직과 계약직 문제를 둘러싼 노동자와 경영주, 그리고 정치권의 날카로운 갈등은, 역으로 신분안정에 대한 대중적인 욕망의 치열함을 환기시킨다. 나는 모든 사람이 깨지기 쉬운 '유리밥통'의 소유자이기보다는 철밥통의 소유자가 되는 사회가 복지사회라고 생각한다. 그런데 그런 생각을 공유하고 있는 사람조차도 철밥통을 나무란다. 아이로니컬한 일이다.

'사회지도층'이란 말 역시 동의할 수 없는 표현이다. 도대체 누가 누굴 지도한단 말인가. 차라리 이 말보다는 '여론주도층'이라는 표현이나 '기득이권층'이라는 표현을 사안에 따라 적절히 사용하는 것이 타당하지 않을까. 이 표현대로라면, 어떤 계층의 사람들은 당연히 사회를 지도해야 하고, 다른 계층의 사람들은 그 지도를 순순히 학습하고 이행해야 된다는 말인데, 과연 이게 말이 되는 표현인지 생각해볼 일이다.

'정신병자'라는 표현도 나는 마뜩잖다. 도대체 합리적으로 이해할 수 없는 얼빠진 주장을 하는 사람들을 악의적으로 공격할 때 이런 말이 자주 등장한다. 그런데 이런 표현이야말로 우리 사회의 폭력성을 잘 드러내는 말이라고 생각한다. 물론 세상에는 '신경증 환자'도 있고 '분열증 환자'도 있다. 그것은 마음의 병이어서 상담치료를 통해 고쳐야 하지만, 고통에 빠진 환자를 오히려 저주하는 이런 표현이 남발되는 사회라면 그 사회의 건강성도 의심해봐야 한다. 한 사회가 소유하고 있는 '국어사전'의 총량은 흔히 문화와 문명의 잣대로 간주된다. 마찬가지로 한 사회가 보유하고 있는 '상용어 사전'은 그 사회의 풍속과 일상을 잘 보여준다.

문학을 처음 공부하던 시절, 시를 가르쳤던 선생님은 강의 첫 시간에 문학은 '상투어'를 극복하는 노력이라 말했다. 지금의 나는 상투어도 문제지만, 그것을 상투적으로 사고하는 것이 사실은 더 큰 문제라는 생각을 하고 있다. 상투어에 대한 창조적 사고가 필요하다. 2006. 3. 15.

은둔형 외톨이의 등장

최근에 발표되고 있는 한국 소설을 읽다 보면 유독 빈번하게 등장하는 캐릭터가 있다. 일본에서도 사회문제가 되고 있는 이른바 '은둔형 외톨이'가 그것이다. 이 유형의 인물은 세상과 소통이 완전히 단절된 것으로 그려진다. 그래서인지 몰라도 이런 인물이 거주하고 있는 고시원, 반지하, 옥탑방, 원룸 등과 같은 공간은 흡사 감옥과 유사한 어두운 느낌으로 묘사된다.

소설 속의 이 인물은 주변 사람과 소통이 완벽히 단절되어 있다. 그 대신 그들이 소통을 시도하는 대상은 개, 고양이, 토끼, 이구아나 같은 즐비한 목록으로 세칭 '반려동물'이다. 그런가 하면 성애용 인형과 같은 독특한 사물이 등장하기도 한다. 이런 인물은 사람과 소통은 폐쇄되어 있으면서도 반려동물이나 성애인형과 같은 대상에게는 한없이 중얼거리며 '감정이입'하는 모습을 보여준다.

사람과의 소통은 극도로 단절되어 있으면서도 반려동물이나 인형에 집착하는 이러한 인물들을 우리는 단순히 '기묘한 존재'로 간주해서는 곤란하다. 오히려 우리는 최근 소설 속에 빈번하게 나타나고 있는 이러한 인물-캐릭터들의 생활 방식이 오늘의 현실에 대한 작가들의 '징후적 비판'에 해당한다는 점에 주목해야 한다.

실제로 이런 유형의 '은둔형 외톨이'는 일본에만 있는 것이 아니고, 오늘의 한국에도 증가하는 추세다. 이런 인물들은 실제의 사람과 세상에 대한 '감정이입' 능력은 상실한 대신 반려동물과 인형에게는 자못 수다스럽게 혼잣말을 하고 있다. 그러나 당연히 동물이나 인형은 그런 '사람'에게 응답할 수 없다. '인간의 언어'가 그들에게는 부재하기 때문인데, 거꾸로 바로 이 점이 '은둔형 외톨이'들이 수다스러울 수 있는 근거이기도 하다.

이런 소설을 읽으면서 우리들이 물어야 할 질문은 어떤 이유 때문에 이렇게 '기묘한 신인류'가 출현했는가 하는 것이다. 여러 가지 분석이 나올 수 있겠지만 나는 '감정이입'을 통해서만 가능한 사람들 간의 '소통'의 체념현상이 중요하다고 생각한다. 그런데 생각해보면 '감정이입'이란 타인의 내면에 기꺼이 자신을 개방하는 '공감'의 원천임을 알 수 있다.

추론한다면, 지금 소설 속의 인물은 타인은 물론이고 세계 전체에 대한 '감정이입'을 분명하게 거부하고 있는 셈이다. 내 판단에 이러한 상황을 초래한 주범은 '사람의 존엄'을 노골적으로 능멸하고, 인간관계를 오로지 돈을 둘러싼 '이해관계'로 고착시킨 후 살인적인 '무한 경쟁'을 예찬하기 급급했던 오늘의 '비정한 체제'가 아닐 수 없다.

이 비정한 체제의 관성으로부터 우리들은 신속한 방향 전환을 하지 않으면 안 된다. 우리는 체제가 부추기는 물질주의적 전언 대신 진정으로 사람답게 또는 사람으로 살아가는 일이 얼마나 커다란 기쁨의 원천인지 인내를 갖고 설득해야 한다. 동시에 비정한 체제가 사탕발림으로 부추기는 경제주의의 뒤편에서 벌어지는 인간 멸시의 현실에 사람답게 저항해야 한다. 오늘의 상황이 이런 '감정 이입의 위기'라는 점을 최근의 한국 소설은 여실히 보여주고 있다.

2008. 11. 14.

'1% 공화국' 세금 따로 내라

이명박 정부가 들어선 이후 세금에 대해 생각하는 일이 많아졌다. 동시에 이른바 '국고보조금'이라는 명목에 대해서도 생각이 깊어졌다. 시중의 씁쓸한 여론 가운데 하나는 이런 것이다. 이명박 정부가 들어선 이후 한국인들의 '평생학습' 의욕이 매우 높아졌다는 것이다. 물론 이 말은 풍자다. 정권이 시작되자마자, 국민들은 대운하에 대한 공부를 열심히 했다. 그것이 끝나자 쇠고기 공부도 시작됐다. 요 몇 달간은 '서브프라임 모기지 사태'니 '고환율 정책'이니 하는 경제학 공부도 열심히 하고 있다.

이제는 세금 공부도 더 열심히 해야겠다는 의욕이 든다. 그 까닭은 여러 가지다. 일단 1%의 사람들이 내는 '종합부동산세' 문제가 있다. 국민의 80%가 반대하는데도 정부가 막무가내로 세제개편안을 추진하는 돌격대식 방법에 대한 의혹은 깊다. 국정감사장에서 강만수 기획재정부 장관은 이에 대해 "1%가 내는 걸 왜 80%에 묻나"라는 기묘한 논리를 펼쳤다. 그러나 왜 80%의 국민이 반대하는 것을 고작 1%의 사람들 때문에 그렇게 밀어붙이냐는 반문을 경청해야 할 '귀'는 막혀 있다.

그럴 바에야 차라리 현존하는 강남의 '1% 공화국'에 가령 미국식의 주정부와 비슷하게 자치권을 주어, 거기에서 독자적인 조세와 교육, 국방과 치안, 사법과 행정체제를 수립하고, 그 정부에 충실하게 '화끈한' 방식으로 통치하는 것이 어떨까 하는 몽상도 떠오른다. 어차피 1%에 속한 주민을 위한 정책을 괜한 '말장난'으로 분석하지 않는 것이 '당신들의 정부' 입장에서나 '우리들의 대한민국'의 입장에서나 위화감 없는 불간섭의 '상호공존'을 가능케 할 것이라는 상상도 해봤다.

국정감사를 전후하여, 한나라당의 몇몇 의원들이 민간·시민사회단체에 대한 '국고보조금'을 문제 삼고 있다. 요지는 간단하다. 지난 김대중·노무현 정권 동안 국책에 '불법적으로' 반대한 이른바 진보·좌파 성향의 단체에 대해 정부가 보조금을 준 것은 심각한 문제라는 것이다. 사실 노무현 정부 당시에도 이른바 '대추리 미군기지 이전' 문제를 둘러싸고, 민사 또는 형사 처벌된 구성원이 있는 단체에는 정부지원금을 끊어야 한다는 주장이 있었으니, 이른바 '좌파·진보'라는 이데올로기적 공세를 제외하면 별로 새로울 것이 없는 상투적인 주장이다. 최근의 참여연대와 환경운동연합을 시발로 한 검찰 수사란 결국 이른바 '좌파·진보' 죽이기의 일환이 아닌가 하는 주장이 설득력을 얻고 있음도 그 때문이다.

나는 이런 방식의 이데올로기적 '좌파적출론'을 떠나서, 그렇다면

이 정부의 주장에 걸맞게 세제개편안을 마련해보라는 제안을 던지고 싶다. 요컨대 지금까지 국민들은 그 자신이 견지하고 있는 세계관과 이념적 지향과 무관하게 아주 '평등하게' 순한 양처럼 세금을 꼬박꼬박 내왔다. 그런 세금들이 이런저런 방식으로 좌우의 이념적 지향과 무관하게 '재분배'되어 왔음도 일견 사실이다. 하지만 이제 이런 지원금 정책을 이명박 정부 국정철학에 걸맞게 '화끈하게' 개편해보는 것은 어떨까.

좌파이기 때문에 혹은 진보적 성향을 가진 단체이기 때문에 '지원금' 등의 명목으로 조세를 '환원'하기 어렵다면, 현 정부를 지지하는 '우파 또는 극우파'에 해당하는 사람들만이 이 정부에 세금을 내는 방안이 차라리 합리적이다. 이른바 '좌파·진보' 입장에서는 세금도 내고 벌금도 냄으로써 국가재정을 자못 충실하게 해왔지만, 이제 그것을 단념하는 것은 어떨까. 그렇게 한 다음 이 정부가 원하는 방식대로 이른바 '우파·극우·뉴라이트' 진영에 속한 시민사회단체들에게만 '화끈하게' 세금을 재분배하자. 동시에 이명박 정부를 지지한다는 25% 내외의 사람들만이 세금을 내고, 그들 맘대로 세금을 운용하게 만들자.

어차피 나머지 75%의 국민이야 이 정부에서는 '비국민'으로 간주되는 것을 갈수록 체감하고 있는 것이 현실이라면, 세금도 먹음직한 '따로국밥'처럼, 전 국민의 이념적 성향을 섬세하게 모니터링한 후에, 그 분포도에 따라 '따로 내고 따로 지원'하는 정책을 수립하는 것은 어떤가.

그러나 이게 도대체 말이 되는 소리인가. 조세 문제에서조차 이런 방식의 시대착오적인 이념 대결이 펼쳐진다면, 정부의 존재근거란 무엇인가. 2008. 10. 8.

키덜트의 나라

　연령대로 보면 어른인데 하는 짓을 보면 꼭 어린아이 같은 사람들을 일컫는 조어로 키덜트kidult라는 말이 있다. 요즘 정치권에서 나타나는 일련의 세태를 보면 어린이kid와 어른adult을 조합한 이 말의 세태를 실감하게 된다.

　청문회를 지켜보다 보면 공직 후보자들이 하나같이 범하고 있는 범법사항이 '위장전입'이다. 거의 예외가 없는 이 항목을 비판하면 당사자들이 하나같이 하는 말은 위법인 것은 알지만 자식들의 교육을 위해 어쩔 수 없었다고 말한다. 그런 말을 하는 당사자들은 그들이 '공인'이라는 사실을 망각한 채 자식을 위한 이러한 행동을 부모됨의 인지상정으로 이해해줄 것을 호소한다.

　장관 후보자가 된 사람이 자식의 미국 국적 문제를 거론하자 그것은 딸의 선택이었기에 부모로서도 어쩔 수가 없었다고 말한다. 또 얼마 전에는 자주 구설에 오르는 외교부 장관의 딸이 유일하게 외교부에 특채되자 특채될 만한 객관적인 능력이 있어서 그리된 게 아나냐는 외교부 인사의 발언이 국민들을 분노케 했다. 사실 그 딸은 이전부터 외교부의 인턴으로 일하면서 능력을 검증받았다는 사실도 밝히면서. 당연히 이런 주장을 듣는 국민들은 그렇다면 그 인턴 채용 때부터 문제가 있었던 게 아닌가 하는 유추를 할 수밖에 없다. 청년들의 심각한 실업률을 생각하면서 말이다.

고위 공직자들을 포함한 우리 사회 상류층의 행태를 종합하면 그것은 모든 자녀의 키덜트화로 명명할 수 있다. 과거에도 문제가 되었지만 많은 수의 상류층 부모들은 출생부터 한국의 대기권을 벗어난 원정출산을 당연시한다. 일단 이중국적의 조건을 만든 후에 취학연령이 되면 과감하게 조기유학을 선택한다. 미국에서 대학을 곧바로 진학하면 다행이지만 혹 자녀들이 한국으로 돌아오길 희망할 경우 특례전형으로 한국의 명문대에 입학시키는 방법도 잘 알고 있다.

그런 자녀들이 대학을 졸업하고 사회로 진출할 시점이 되면 이들 상류층은 그들이 소유하고 있는 권력과 연줄망을 활용하여 그들을 취업시킨다. 그런 가운데 자녀들은 부모의 직업을 대물림하는 경우가 많은데, 그것이 가령 일본의 경우처럼 어떤 장인정신의 발로라기보다는 부모들의 강렬한 출세지향성의 모방이거나 강제인 경우가 다반사다.

그러나 이것으로 이들 키덜트들의 인생행로가 끝난 것은 아니다. 부와 권력의 강력한 화학적 결합인 결혼이 이들을 기다리고 있는 것이다. 만수산 드렁칡처럼 한국의 힘 있는 상류층들은 혼맥을 통해 그들이 보유하고 있는 부와 권력을 확대재생산해서 대물림한다. 설사 부모가 명백한 생애 주기의 끝에서 역사의 뒤편으로 사라진다고 할지라도 이 드넓힘 구조는 영속할 것이기에 그들은 열정적으로 키덜트를 후원하고 또 관리하는 것이다.

상류층들이 이 모양이다 보니 이러한 행태는 그 정도는 다르지만 마치 낙수효과처럼 이 사회의 모든 부모들의 불안을 촉진하고 '내 아이도 질 수는 없다'는 병적인 경쟁의식을 확산시킨다. 여름방학 때 서울 강남의 삼겹살 집에 가면 "아줌마 콜라 한 병이요" 하는 주문을 제외하고는 지들끼리 영어로 웃고 떠드는 청소년들을 발견할 수 있다. 이들은 대학의 수시 특차전형을 준비하기 위해 일시적으로 귀국한 조기유학생들이다.

영어의 악센트가 유독 튀는 까닭이겠지만 공공장소에서도 이런 청소년들의 거침없는 영어 사용은 귀를 거슬리게 한다. 마치 유럽의 궁정사회에서 제 나라의 말이 저열하다며 프랑스어를 썼던 귀족들처럼 이들에게 한국어는 수치의 표현인지도 모르겠다.

그러나 그런 유럽의 귀족들조차 근대 이전까지는 제 자식을 일찍부터 먼 곳의 기사들에게 도제로 보냈었다. 이들은 자신의 자녀들이 세상의 거친 고통을 직접 체험하고 가족에의 의존성을 극복한 온전한 성인이 되기를 요구했다. 우리라고 해서 그런 전통이 없었던 것은 아니다. 『삼국유사』에 기록된 화랑 관창의 일화는 그것을 잘 보여준다. 차라리 죽을지언정 전쟁에서의 치욕스러운 항복은 있을 수 없다며, 끝내 자기 아들 관창의 죽음을 거의 강제했던 부모라고 자식 사랑이 없었을까.

키덜트화된 자녀들이 성장해 이 사회를 또다시 지배하게 된다면 어떻게 될까. 건강상 불쾌한 상상은 안 하는 게 좋다. 2010. 9. 5.

장전된 총 앞에서

쓴다. 장전된 총 앞에서, 흐느낌으로 또 애통함으로. 그리하여, 쓸 수밖에 없다. 장전된 총 앞에서, 전능한 창조자여, 어찌하여 나를 버리십니까? 엘리 엘리 라마사박다니. 라마사박다니. 그리하여, 애통하다. 장전된 총 앞에서, 총이 총을 낳고, 칼이 칼을 낳고. 한 슬픔은 더 큰 슬픔을 불러오고, 찢긴 종잇장처럼 예리한 상처는 또 핏빛으로 번지고, 범람하는데.

당신들의 분노가 또 다른 폭력을 불러오고, 우리들의 무심함이 세상의 어둡고 낮은 곳에서 다른 이의 애절한 통곡들을 낳고 있다. 다시 쓴다. 장전된 총 앞에서, 오히려 당신들의 발에 입 맞추던 계절은 가고 없는 건가. 장전된 총 앞에서, 오히려 꽃을 건네던 온유한 계절은 가고 없는 건가.

당신들의 깊은 슬픔과 분노와 치욕과 고통을 이해할 수 없었으므로, 당신들이 만들어낸 더 깊은 슬픔과 분노와 치욕과 고통이 우리에게 다가왔는가, 왔을까, 더 올 것인가. 장전된 총 앞에서, 모자를 벗고 향불을 사른다고, 차라리 악몽조차 사라지지 않는다.

비통한 죽음 앞에서, 모든 언어들은 추문으로 전락하고, 우리들은 다만 단말마의 비명으로, 말이 되지 못했으므로 범람하는 눈물과 몸부림만 있을 뿐이다. 그래도 쓴다. 장전된 총 앞에서, 보이는 총과 보이지 않는 총 앞에서. 세상의 모든 죽어가는 것 앞에서, 사랑과 평화가 무력한 기도가 아니기를, 그렇게 바라면서.

아프가니스탄에서 한국의 젊음들이 죽어가고 있다. 그런 그들을 생각하면, 늦은 밤까지 잠이 오지 않았다. 한 생애의 끝은 거룩하고 존엄해야 한다. 그러나 자신의 의지와 무관하게 드리운 죽음의 장막 앞에서, 각자의 신에게 드리는 기도는 얼마나 무력한 것인가.

장전된 총 앞에서 한 편의 시는 대단히 무력한 것이어서, 하늘을 우러르는 것도 나에게 주어진 길을 걷겠다는 다짐도, 또 죽어가는 모든 것을 사랑하겠다던 앞선 시대 윤동주의 결연한 고백도 임박한 비극 앞에서는 때로 사치스러울 수 있다는 것을 알겠다.

그러나 보이는 총만이 죽음의 무기인 것은 아니어서, 무심하게 범람하는 관료화된 언어들은 사람들의 무딘 마음을 더욱 냉소적으로 만들고 있다. 그 전쟁은 우리가 원했던 것이 아니었다. 21세기를 끝없는 전쟁과 공포, 광기와 복수로 물들이고 있는 그 전쟁은 온전히 조지 부시의 것이다. "테러와의 타협은 없다"고 외치는 미국 국무부의 성명서는 전쟁 수행의 관료화된 면죄논리일 뿐, 각각의 고유한 죽음과 생명 앞에서의 경외심이란 찾아볼 수 없다.

많은 한국인들은 이라크와 아프가니스탄 전쟁이 임박했을 때, 촛불을 들고 평화를 기원했다. 바람에 무력하게 흔들리는 촛불은 이 기술파시즘 시대에 평화가 놓여 있는 가감 없는 상황의 상징일까. 제 몸을 태워 빛을 밝혀 외풍에 한없이 흔들리다 꺼져버린 촛불을 나는 기억한다. 죄에 동참하지 않고도 죄의식을 느꼈던 민감한 영혼들이 영문 모르는 전쟁의 참화 속에서 짓밟히고 있다.

장전된 총 앞에서, 세상의 모든 촛불들은 제 몸을 태워 평화를 갈망하고 있다. 그 촛불은 이 세상의 모든 총을 녹여, 쟁기와 보습과 호미로 다시 태어나라고 호소하고 있다. 장전된 총 앞에서 인간이 할 수 있는 일이란 무엇일까. 그러나 우리는 끈질기게 세상을 향하여 장전된 총을 치우라고 말해야 한다. 동시에 우리들이 장전하고 있는 또 다른 총을, 그리고 당신들을 향해 겨누어진 이 세상의 모든 총을 치우라고, 시인처럼 말해야 한다. 단말마의 비명일지라도, 시인의 마음으로 이 세계의 비참에 대해 통곡해야 한다. 2007. 8. 2.

표현의 자유,
표현의 회피

　자유라는 이름을 듣기만 해도 내 가슴은 고동친다. 부자유가 가져다줄 비만보다 나는 자유를 찾음으로써 얻게 되는 강골의 마른 몸을 사랑한다. 그래서 나는 표현의 자유라는 말 역시 좋아한다. 우리가 살고 있는 민주제의 가장 소중한 덕목이 표현의 자유 아닌가. 그러나 김수영이 어떤 시에서 쓴 것처럼 자유에는 얼마간 피 냄새가 섞여 있다.

　그러나 짧지도, 그렇다고 길지도 않은 세월을 살아오면서 나를 진정으로 염려해주었던 분들이 자주 내게 들려주었던 말은 이런 것이었다. "사는 게 다 그런 거다. 웬만하면 눈 질끈 감고 살아라." 이 말속에는 오랜 세월 세속적 처세를 통해 근근이 눈치 보며 살 수밖에 없었던 생활인들의 통계학적 지혜(?)가 잘 담겨 있다.

　그 지혜를 내 식으로 말하자면 '표현의 회피' 정도가 되겠다. 나는 이 표현의 회피 현상이야말로 생활인들의 가장 유력한 생존본능이 되었다고 생각한다. 그런데 역설적이게도 이 표현의 회피를 통해서 개인들의 삶은 더욱 옥죄여간다는 게 이 사회의 기이한 구조다. 가령 비리로 얼룩진 어느 사학분규에 표현의 회피를 추종하는 한 교수가 있다고 치자. 그 교수의 옆방에는 표현의 자유를 추구하는 다른 교수가 있다고도 생각해보자.

표현 회피를 추구하는 교수는 옆방의 교수가 머지않아 연구실을 비우게 될 것이라고 생각할 것이다. 이 생각은 대체로 합리적인데, 실제로 재단의 전횡과 비리를 고발하고 그것을 바로잡는 데 혼신의 열정을 다한 교수들은 지금 거리에 있거나, 법원에서 지루한 소송을 벌이고 있거나, 아니면 국회 앞에서 1인시위를 하고 있을 확률이 높고 또한 그것이 사실이기 때문이다.

그렇다면 표현의 회피를 선택한 교수의 삶은 쾌적한가? 이 또한 합리적인 결과를 낳는데, 표현 회피가 자신을 재단의 꼭두각시로 만들고, 더 나아가서는 동료 교수를 찍어내는 재단과 대학본부의 구사대 역할로 이끄는 것이다. 그렇게 해서 살아남았다는 생활인의 안도감에 빠진다면 다행이겠지만, 이 표현의 회피를 추종하는 교수는 혹시나 있을지도 모르는 표현 자유의 잔존세력을 박멸하고자 더욱 분주해질 것이다. 말 그대로 교수가 아닌 구사대가 되는 것이다.

어떤 것이 분명히 인간다우며 아름다운 삶인지는 분명하다. 표현의 자유에 기꺼이 참여하는 자의 삶이 그러하다. 그러나 자유에는 제도가 보호해줄 수 없는 지극히 내면적인 고통이 따른다. 그렇다고 해서 표현 회피를 선택한 자가 쾌적한 삶을 사는 것은 아니다. 그의 정신은 인형처럼 타인의 입 모양을 따라 움직여야 한다. 그 움직

임은 점점 동물 형상을 닮아가게 되고, 성정 또한 그렇게 변해가는데, 그래서 얻게 되는 것이 밥통 속의 쌀 한 줌일 것이다.

나는 표현의 자유를 선택하는 편에 서고 싶고, 앞으로도 그럴 것이다. 그러나 내가 표현 회피 쪽에 서 있는 사람들을 경멸하는 것은 아니다. 물론 그들 중에는 기꺼이 경멸받아 마땅할 존재가 있을지도 모른다. 하지만 내가 오히려 이 부분에서 강조하고 싶은 것은 우리가 살고 있는 사회의 구조를 근본적으로는 아니더라도, 적어도 표현의 자유 쪽에 인센티브를 과감하게 줄 수 있는 방향으로 변화시켜야 한다는 사실이다.

제도와 구조를 변화시키는 것은 어렵다. 그러나 이 제도와 구조 역시 사람이 만든 것 아닌가. 회피보다는 자유의 욕망이 힘이 세다. 그렇게 믿고 싶다. 2006. 7. 20.

지구인과 난민

지난주 덕수궁에서 서울 북페스티벌이 열렸다. 저자 초청 토론회의 사회자로 참여했던 나는 그 행사에서 마붑 알엄이라는 방글라데시 출신 이주민을 만났다. 알고 보니 그는 영화배우였다. 이주노동자와 여고생의 사랑을 다룬 독립영화 〈반두비〉의 주연배우로 데뷔한 이후 현재는 이런저런 영화나 드라마에 단역으로 출연하고 있었다. 동시에 그는 『나는 지구인이다』라는 자전적 책의 저자이기도 했고, 현재는 한국인 아내와 결혼해 행복하게 살고 있는 인물이다.

이 젊은 영화인에게 한국이 처음부터 '기회의 나라'였던 것은 아니다. 그는 오로지 돈을 벌기 위해 한국으로 온 이주노동자였다. 방글라데시의 대학생으로, 외국 유학을 꿈꾸던 젊은이를 이주노동자로 만든 것은 가난 때문이었다. 중병에 걸린 어머니를 살리기 위해 '한국행'을 택했다. 당시 그가 갖고 있던 한국에 대한 지식은 분단국가, 전쟁의 위협 정도였다고 한다.

한국에 와서 그는 이주노동자가 겪어야 했던 모든 고통에 압축적으로 노출됐다. 고된 노동과 임금체불, 인종적·문화적 차별, 기약 없는 빈곤한 일상 앞에서 그는 절망했다고 한다. 그렇다고 고국에서의 삶이 행복했던 것은 아니다. 인도계 방글라데시인으로서 그는 고국에서도 문화적 차별에 항상 시달렸다고 한다. 어떤 차원에서 보면, 그는 고국에서나 한국에서나 경계인이었고 소수자였던 셈인데, 그런 그에게도 꿈은 있었고 그 꿈이 그를 버티게 했다.

그가 발견한 꿈은 미디어였다. 그는 한국에 온 직후 이주노동자를 위한 사회운동에 참여하기도 했지만 반대와 대항운동만으로는 마음의 결핍을 이기기 힘들었다고 고백한다. 더 나은 운동 방식이 없을까 고민하다 미디어를 통한 이주민의 권리 찾기를 시작했는데, 그러면서 이주노동자 방송국에서 일할 기회를 얻고 이주민의 삶을 담은 다큐멘터리와 영화를 제작하기에 이른다.

그가 이 사회운동과 문화운동의 경험을 유창한 한국어로 고백하는 과정에서 반복적으로 강조했던 것은 왜 이주노동자는 '말하는 주체'가 될 수 없는가 하는 문제 제기였다. 한국에는 이주노동자의 인권과 생존권을 지원하는 많은 NGO들이 있지만 대표들은 모두 한국인이었다는 것이다. 왜 이주노동자들은 '보호'와 '지원'이라는 수동적 객체에 머무를 수밖에 없는지, 왜 선의를 가진 한국인들조차 이주노동자들을 '연민'의 대상으로만 보는지 납득하기 어렵더라는 것이다.

이런 생각이 그로 하여금 스스로 말하는 주체로 나아가게 만들었다. 그가 발견한 것은 영상미디어를 통해 스스로를 주체화할 수 있는 가능성이었다. 이주노동자 자신이 그들의 희망과 절망을 표현하는 영상물을 제작하고, 또 이주노동자인 자신이 이주노동자들의 삶을 담은 영화를 제작한 것은 이런 까닭이라는 것이다.

물론 나는 모든 이주노동자들이 마붑 알엄처럼 스스로를 주체화할 수 있는 역량을 발휘할 수 있는 조건에 있다고는 생각하지 않는다. 오늘의 한국 사회에서 이주노동자들이 스스로를 주체화하기 위해서는 극단적으로는 강제추방까지 감수해야 한다. 그러나 인신이 추방당한다고 해서 꿈마저 추방당하는 것은 아니다. 이주노동자도 한국인과 동일한 인간이며 "우리는 모두 지구인이다"라는 그의 주장은 "노동자도 사람이다"라는 1970년 전태일이 외쳤던 절규의 현대적 판본으로 내게 들렸다.

관객 중의 누가 물었다. 한국인에게 하고 싶은 말은 없는가. 마붑 알엄이 대답했다.

"오늘의 지구화된 삶의 조건 속에서는 모든 인간이 난민이다."

그 말을 듣고 나는 생각했다. 나 역시 난민 아닌가. 일용할 양식을 벌기 위해 끝없이 이동하는 난민. 육아 문제 때문에 서울을 떠나 소도시로 가야 했던 난민. 전세 가격의 폭등으로 집을 구할 수 없어 처가에 짐을 부려야 했던 난민. 정주할 사상의 거처를 찾지 못해 이 책 저 책을 방황하는 난민.

물론 마붑 알엄이 말한 난민적 상황은 나의 소시민적 상황보다는 훨씬 비극적이다. 그러나 이 난민적 상황의 소시민성조차, 지구적 차원에서 전개되는 난민화의 일부를 이루고 있는 것 또한 사실이다. 그러니 이 난민적 상황에 직면해 있는 우리 지구인들이 어떻게 서로에 대해 공감하지 않을 수 있으랴. 감정이입이란 이럴 때 필요한 덕목이 아닌가. 2010. 10. 12.

활동가와
'벌금' 먹는 하마

　"아룬다티 로이 아시죠?" 소설을 쓰고 있는 한 후배가 물었다. 물론 나는 잘 알고 있다. 『작은 것들의 신』으로 영국 최고의 문학상인 부커상을 받은 뒤 일약 세계적인 작가로 떠오른 인도의 여성 작가다. 그러나 정작 그 자신은 스스로를 '활동가'로 규정하면서, 인도 사회의 반핵, 환경, 반세계화 운동에 적극적으로 나서고 있다. 여성 멸시의 분위기가 다른 사회보다 압도적인 인도의 현실에서, 아룬다티 로이의 활동은 인습적 편견과 함께 직접행동에 따른 법의 압력에 자주 노출된다.

　1990년대 이후 시민운동이 활성화되면서, 우리 사회에서도 활동가라는 표현이 익숙해졌다. 내가 알고 있는 지인들 가운데서도 스스로를 활동가로 규정하는 사람들이 제법 있다. 이들은 서로 다른 시민운동단체에 소속되어, 한국 사회의 다채로운 억압구조와 부패의 사슬을 걷어내기 위해 지금 이 순간에도 정력적으로 활동하고 있다.

하지만 활동가로 사는 것은 괴롭다. 그들이 단체에서 받는 활동비는 최저임금은 고사하고, 대학생의 한 달 용돈도 안 되는 경우가 많다. 특히 국가와 시장을 투명하게 견제하기 위해서라도, 이들은 공적 지원 없이 철저하게 후원회비로 운영되기를 바란다. 그러나 '시민 없는 시민운동'이라고 비판은 하면서도, 정작 활동가들에 대한 시민들의 관심은 대단히 낮은 수준에 있다.

그러한데도 한국의 활동가들은 이 고통스러운 환경을 거슬러, 한국 사회의 열악한 인권과 민주주의를 위해 기꺼이 싸워왔다. 이들의 소명에 가까운 직접행동이 있어, 거인들이 지배하는 난쟁이 나라의 시민들은 스스로의 권리를 알게 모르게 확대시켜왔다. 그런데 최근 들어 활동가에 대한 탄압의 양식이 자못 고약해지고 있다.

"너희들은 직접행동을 해라. 우리는 벌금을 걸겠다." 이게 요즘 대한민국의 정부와 사법부가 보여주고 있는 행태다. 노동3권을 제창하는 노동자들에게, 악덕 기업들이 손배소 등을 통해서 경제적인 파산 상태로 내모는 것과 마찬가지로, 이즈음의 활동가들은 직접행동에 따른 벌금 탄압에 신음하고 있다. 가령 지난해 평택에서 있었던 불복종 직접행동의 결과로 인권운동 사랑방 활동가들은 개인당 100여만 원 이상의 벌금을 부과받았고, 소송으로 인한 비용까지 떠안게 되었다. 사정은 다른 시민단체도 마찬가지여서, 어떤 곳은 벌금액이 1억 원을 넘어선 곳도 있다고 한다.

더욱 어처구니없는 사례는 장애인 인권 차별을 시정하기 위해 헌신했던 인권활동가들에게 부과한 벌금이다. 장애인 이동권 문제를 포함한 차별 철폐를 위해 직접행동에 나섰던 활동가 66명에게 법원은 2007년 8월에 총 1억 2381만 원의 벌금을 부과했다. 활동가들 중에는 이규식 씨와 같은 중증장애인도 있는데, 경찰은 486만 원의 벌금을 낼 수 없었던 이규식 씨를 구속했고, 노역을 통해 벌금을 갚게 했다.

아무리 시장전체주의라지만, 시민들의 언로와 행동 모두를 '돈'으로 제어하겠다는 발상은, 오늘의 민주주의를 가감 없이 '금권 민주주의'로 인식하게 만든다. 천문학적 돈을 횡령하거나 편법 상속한 기업가 집단에 대한 정부와 법원의 솜방망이 처벌과 이들 활동가들에 대한 벌금 탄압을 비교해보면, 오늘의 대한민국이 처해 있는 정의의 수준을 가늠할 수 있다.

이렇게 되면 활동가들의 직접행동도 시민사회가 아니라, 교도소의 싸늘한 노역장 안에서 하게 되는 것이 아닌가 하는 우울한 상상이 들기도 한다. 지난 연대의 민주주의는 '피'를 먹고 자랐는데, 어찌된 게 오늘의 포스트 민주주의는 '벌금' 먹는 하마란 말이냐. 2007. 12. 5.

글쓰기와 몸쓰기

'머리'가 아니라 '몸'으로 사유하라고 했다. 어느 날, 수용자 인문학 강의를 함께 하고 있는 철학자 조광제 선생이 지나가듯 나에게 한 말이다. '세계로 열린 창'인 몸을 통해서 우리는 감각과 지각, 이를 통한 판단과 실천의 길로 나아갈 수 있다. 그런데 글쓰기를 시작했던 고교 시절부터 대략 삼십대 중반까지 나는 몸을 혹사함으로써 마음의 통증을 휘발시킬 수 있다고 믿었다. 책 읽기와 글쓰기라는 '골방의 사색생활'조차 몸의 혹사를 대가로 한 것이었기에 관념만이 비대해지는 상황을 개선하지는 못했다.

경험주의자는 아니나, 지금은 글쓰기가 몸쓰기에서 온다는 것을 인정한다는 점에서 나는 과거에 비해서는 약간 변했다. 올해 상반기를 병원과 학교, 교도소와 법정을 오가는 것으로 시간을 흘려보냈다. 예전 같으면 이런 경험의 반경을 같은 공간에 대한 이론적 탐구인 철학자 미셸 푸코의 책을 읽으면서 의미화하고자 했을 것이다. 그러면서 이렇게 말했을 것이다. "세상이 책에서 읽은 것과 똑같다."

그러나 '몸'으로 본 세상은 '조금' 다른 것이었다. 나는 이 '조금' 다르다는 것을 인식하는 것이야말로 몸쓰기로서의 글쓰기가 갖는 아주 큰 차이고 중요한 발견이라고 생각한다. 암 병동에 입원해 있는 가족을 문병하거나 간병하는 일은 역시 괴로운 일이다. 그러나 설사 암 병동일지라도 그곳에서 자주 쾌적한 웃음이 번지기도 한다는 사실은, 죽음 앞에서도 힘 있는 인간들의 낙천주의에 대해 생각하게 만들었다.

푸른 수의를 입고 정물화된 사물처럼 앉아 있는 수용자들과 '시'를 함께 읽는 일이 처음에는 무모해 보였다. "교도소에서 웬 시 읽기냐." 처음엔 그들도 그런 눈빛을 보냈다. 그러나 윤동주와 김수영, 그리고 천상병 등의 시인 역시 한때 감옥에 갇혀 있던 사람들이었고, 시인이란 넓게 보면 갇힌 세계에서 사랑과 자유의 통로를 뚫고자 했다는 점에 우리는 동의했다. 강퍅한 세상에서 한 편의 시는 무력해 보이지만, 사람의 희망이 끈질긴 것처럼 서정시도 힘이 세다.

상품이 화폐로 변환하는 과정을 '생사를 건 도약'이라고 표현했던 마르크스의 견해를 대학원생들에게 설명하는데 다들 의아한 눈빛이었다. 가령 사랑도 그러하다. 건조하던 두 남녀가 갑작스럽게 자신들이 연인이라고 느끼는, 순간적이지만 절대적인 도약의 시간이 있다. 이런 설명을 덧붙이자 그들의 눈빛이 갑자기 밝아졌다. 추상화된 논리를 경험적인 사실들에 빗대어 이야기하면, 졸던 학생들도 눈을 뜨고 토론에 참여했다.

무려 열 달을 넘게 끌어오던 나 자신의 교수 지위 확인 소송에 대한 선고가 지난주에 내려졌다. 결과는 완벽한 승소였다. "나 자신을 증명하기 위해 길을 떠난다." 루카치의 『소설의 이론』에 나오는 한 구절이다. 그런데 소설의 주인공이 아닌 현실의 사람들은 그 자신을 증명하기 위해 종종 법 앞에 서야 한다. 승소라는 개인적인 기쁨과는 무관하게, 상식과 윤리의 영역까지도 법의 판단으로 이월되는 현실이 나에겐 여전히 부조리해 보인다.

그런데 생각해보면 지금도 나는 푸코와 마르크스, 그리고 루카치 등을 거론하면서 이 짧은 칼럼을 써내려가고 있다. 몸쓰기를 하겠다고 자처했지만, 내 몸 안에는 세상의 잡다한 온갖 책들이 인용을 기다리고 있는 형국인 것처럼 느껴진다. 이른바 지식인임을 자처하는 자들은 이렇게 열린 감각의 소유자이기보다는 '책-기계'인 경우가 많다. 그래서 나는 좀 더 세상을 떠돌아야 하겠다. 몸으로 사유하는 일이란 참 어렵다. 반대로 그래서 해볼 만한 일인 것 같기도 하고. 2007. 5. 30.

포기할 수 없는
싸움

1991년 대구에서 창간된 격월간 『녹색평론』이 다음 달이면 통권 100호를 맞이한다. 산업사회 문명이 초래한 생태계의 붕괴를 경고하고, 기술주의에 근거한 탐욕이 인간과 자연의 근원적인 삶터를 파괴하고 있다는 묵시적 전망을 지속적으로 피력했던 이 잡지의 전언은 불행하게도 갈수록 현실로 나타나고 있다.

『녹색평론』이 창간되던 그해는 소비에트 및 동구권이 대거 몰락하던 시기였다. 국내적으로는 민주화 열기가 여전히 뜨거웠고, 같은 해 5월 강경대 사건의 여파가 심각한 상황에 있었다. 동시에 그해에는 '낙동강 페놀 방류 사건'이 있었다. 당시 언론의 눈에도 이 사건은 '대단한 환경사고'로 인식되었지만 『녹색평론』의 발행인인 김종철 선생은 더욱 심각한 사건이 있었다며, 다음과 같이 회고한다.

"실은 그것보다도 내게는 더욱 심각한 사건이 그해 초여름에 이 나라의 농촌 여러 곳에서 빈발하였다. 겨우내 자라서 수확을 앞둔 보리를 거두지 않고 농민들 자신이 밭째로 불태워버린 일이 일어난 것이다."

산업사회에 기반을 둔 경제성장주의가 인간과 자연에 대한 '철저한 불경'에 기초해 있음을 김종철 선생은 이 사건에서 확인했다고 말한다. 생태평형의 근원적 기초가 파괴되는 묵시록적 상황 앞에서 그는 이렇게 말했다.

"민주 회복이 무엇보다 핵심적인 과제였던 시대가 우여곡절 끝에 서서히 물러나면서 지금까지의 정치적 투쟁보다도 훨씬 더 근원적인 투쟁 – 생명과 인간성을 수호하기 위한 투쟁의 필요성이 절박하게 다가오고 있었다. 이미 늦어버린 싸움인지도 모르지만, 이것은 포기할 수 없는 싸움이다."

싸움의 성격 탓인지, 김종철 선생의 전언은 급박한 은유를 통해 자주 전달되었다. '파국을 향해 달리는 기차를 멈추게 하라' '마주보며 달리는 폭주 기관차에서 내려야 한다' '침몰할 운명에 있는 타이타닉 호에서 뛰어내려야 한다' 등등.

99호에 이르기까지 『녹색평론』은 마치 그리스 신화 속의 예언자 카산드라처럼 산업화에 근거한 경제지상주의와 인간의 탐욕을 끝없이 경고해왔지만, 한국 사회는 역시 신화 속의 카산드라에 대한 냉소적인 반응처럼 김종철 선생의 경고를 경청하지 않았다.

그 결과는 명확했다. 태안의 기름오염 사태로 서남해안은 생물종이 살 수 없는 바다사막으로 전락했고, 어민들의 삶터는 철저히 파괴되었다. 기술적 효율성에 근거한 닭과 오리의 집단 사육이 확대되면서 면역 능력의 파괴로 '조류독감'이 번졌고, 이에 따라 전국의 닭과 오리들이 지금 이 순간에도 '살처분'이라는 끔찍한 재앙에 노출되고 있다.

광우병의 위험은 더욱 심각하다. 총선 직후 기습적으로 미국과 체결한 쇠고기 수입제한 철폐 조치는, 도시인들에게 '싸고 맛있는 고기'를 제공하겠다는 정부의 변명과는 달리, 전 국민을 잠재적인 광우병 위험에 여과 없이 노출시키는 결과를 초래했다.

산업주의와 경제성장주의에 기반한 한미 FTA 협정 체결은 낡아빠진 비교 우위에 입각한 '자유무역'을 통해 국민경제가 성장할 것이라는 추파를 던진다. 그러나 이 사태가 우리에게 던져주는 가장 간명한 진실은 농업의 붕괴와 이에 따른 삶터의 전면적인 파괴일 듯하다.

최근 전 지구적으로 번지고 있는 곡물 가격 인상에 따라, 국민경제의 차원에서도 반도체와 자동차를 포함한 한국의 주력 산업에서 얻는 무역 이익보다 곡물 수입에 따른 적자가 더 큰 폭으로 증가하고 있다는 사실이 이를 잘 알려준다. 게다가 한반도의 '국토 변형'을 노골적으로 획책하고 있는 '한반도 대운하 사업'의 강행은, 그것이 진행된다면 결국엔 완전한 한반도 생태평형의 붕괴를 초래할 것이다.

『녹색평론』은 산업사회에 기초한 발전과 속도, 기술에 대한 숭배가 결국은 인류의 절멸이라는 디스토피아적 재앙으로 귀결될 것이라고 끊임없이 경고해왔다. 그런 한편 이 파국을 앞둔 병적 상황을 치유하기 위한 가치로 '공생공락'에 입각한 '좋은 삶'을 제시해왔다.

꿈쩍하지 않는 세상을 향한 『녹색평론』의 쉰 목소리의 경고는 계속될 것이지만, 문제는 그 사이에도 지구의 병통은 깊어가고 있다는 사실이다. 2008. 4. 23.

오늘을 살아가는 개미의 자세는

요즘 한국 경제 돌아가는 형세를 보면, '폭탄 돌리기'처럼 보인다. 통계상의 실업자가 100만에 육박하고 있다는 소식이 들리고, 중소기업을 포함한 제조업 가동률이 급격하게 하락하고 있으며, 명백한 사회문제가 되고 있는 대졸 순수취업률 역시 위험한 수준인데, 들썩거리는 부동산시장과 주식시장을 근거로 한국 경제를 낙관하는 발언들이 고개를 들고 있다. 그 와중에 일자리는 당연히 더욱 줄어들고 있다. 비정규직은 물론이거니와 정규직 사원들 역시 거리로 떠밀리고 있고, 정부와 기업은 무지막지한 해고를 '구조조정'이라면서 연일 권유하고 있다.

오늘의 상황은 단순히 경기침체나 후퇴기가 아니다. 그것은 경기회복의 신호가 되는 전통적인 요소들, 가령 고용률·제조업 가동률·소비 증가·금리 등이 전혀 개선되지 않은 상황에서 부동산과 증권시장만이 기이할 정도로 과열되고 있는 이상징후를 봐도 알 수 있다. 이는 시장의 구조적 안정성이 붕괴되고 있는 상황에서, 시장에 대거 풀려 있는 현금자본이 일종의 마지막 쿠오 바디스(고대 로마의 부패와 잔인함을 묘사한 서사시로, '주여 어디로 가시나이까'의 뜻이다)를 감행하기 위해서 벌이는 절망적인 '투기 상황'이며, 결국 이러한 투기 상황에 평범한 개미들이 집단적으로 뛰어들자마자, 교활한 투기자본들이 '차익'을 취한 후 곧바로 철수하게 될 대붕괴의 징후를 보여주는 황혼기의 '착시 현상'이라는 것이 내 판단이다.

사실 이런 국면에서 '개미'로 상징되는 평범한 시민이 취해야 될 태도는 협동과 연대다. 가장 중요한 것은 안정적인 고용보장을 요구하고, 거의 '알바' 수준으로 전락한 청년실업 문제를 해소하기 위한 대안을 정부에 압박하는 일이며, 일상생활에서 가장 커다란 압력으로 작동하는 주거와 교육 그리고 의료비용의 점증하는 압력에 대항하여 사회안전망을 확대시키는 정책을 오히려 집중적으로 요구해야 하는 것이다. 그래야 무늬만 '고통 분담'이라는 위로부터의 시장 담론에 휘둘리지 않고, '행복 나눔' '품위 있는 사회'라는 좀 더 인간의 존엄성에 가까운 미래 사회를 대비할 수 있다.

동시에 '개미'들 자신의 '이중사고'에 대한 성찰이 뒤따라야 한다. 사실 오늘과 같은 경제적 대붕괴의 시대에 가장 고통받는 것은 기업이나 후견인인 국가가 아니다. 개미들이야말로 최대 피해자가 될 가능성이 높다. 오히려 대붕괴의 시대에 기업과 국가는 평소에는 '개미'의 압력 때문에 할 수 없었던 무지막지한 해고와 구조조정을 아무런 저항 없이 해나가고, 운이 좋으면 시장 자체를 비경쟁적인 독점 또는 카르텔의 형식으로 재구성할 수 있기 때문이다. 그렇다면 '개미'의 이중사고는 무엇인가. 체제가 교묘하게 권유한 결과이겠지만, 위기가 발생하면 결국 '나 혼자는 살 수 있다'는 사적 해결책 모색과 오히려 고용불안과 같은 위기의 순간에 스스로의 정체성을 '투자자'의 시선으로 이행시키는 기묘한 허위의식이다.

만일 한국인이 주거와 교육과 의료 분야에 기울이는 평생의 노력을 연대와 협동 등 집합적 해법을 통해 모색해간다면, 일상의 점증하는 '위험 사회의 압력'으로부터 벗어난 '품위 있는 사회'가 가능할 것이다. 그런데 '개미'들은 '공동체'에 대한 깊은 책임과 신뢰감이 없을 뿐만 아니라, 국가가 이런 공동체성에 대한 신뢰를 지속적으로 훼손해온 역사에 과잉 적응한 나머지, 일단 위기가 닥치면 모든 해법을 개인적 수단으로 강구하고자 애쓴다. 직장에서의 노동조합이나 지역에서의 협동조합의 모색이 이런 위기의 순간에는 오히려 강화되어야 할 텐데, 일단 위기가 발생하면 '개미'들은 자신이 보유한 부동산과 펀드를 순환시켜 안정자산을 확보해야겠다는 욕망에 경쟁적으로 가세한다. 개미들 자신이 노동자이면서도 노동자 정체성보다는 '투자자' 정체성에 함몰되어 있기 때문에 나타나는 현상이다. 사실 오늘의 몰락해가는 신자유주의의 강화는 전 국민을 '투자자'의 심리 상태로 고착시킨 체제의 전략이 주효한 결과라고 할 수 있다. 그러나 '개미'들이 진정으로 자신의 정열과 자본을 투자해야 할 곳은 '시장'이 아니다. 개미들은 '투자자'가 아니라 자기 삶의 '주인'이 되어 '연대'하고 '협동'하는 공동체를 심각하게 고민하고 지금 실천해야 한다. 2009. 4. 20.

미치고 싶었다

"미치고 싶었다/ 사월이 오면/ 산천은 껍질을 찢고/ 속잎은 돋아나는데" 그도 미치고 싶었을 것이다. 목련꽃, 개나리, 진달래, 벚꽃, 청초한 향기 머금은 라일락들도. 그렇게 4월이 온 것이다. 그러나 또한 미치고 싶었을 것이다. 속잎은 돋아났지만, 누런 모래로 뒤덮인 숨 막히는 꽃들의 절규. 꽃은 떨어지고, 그러나 우리들의 4월이다.

그 눈부신 4월. 목련나무에 수액이 차오르는 봄날에, 꽃구경은커녕 나는 오늘도 동료 교수들과 함께 밤샘농성을 하고 있다. 좋은 선생이 되어, 알뜰한 제자들과 시를 음미하고, 또 스프링처럼 경쾌하게 톡톡 튀어 더 넓은 세상, 예쁜 세상, 상식이 통하는 세상이 올 것이라 생각하며, 먼 훗날 제자들과 꽃구경 가 막걸리 한잔하고 싶었다. 그것이 선생이 되었던 첫날의 다짐이었다.

그런 제자들과 선생들이, 미친 봄날 한 달 넘게 밤샘농성을 하고 있는 것이다. 그 대학이 어딘지 나는 알지 못한다. 알지 못하므로, 시인 김선우 씨의 표현을 빌리면, 내 혀는 입속에 비굴하게 갇혀 있어야 될까. 그리고 당신들의 혀도, 기형도 시인의 표현처럼 다만 입속의 검은 잎처럼, 그렇게 굳어져야 할까.

6년 전의 가을이었을 것이다. '타는 혀'로 말하겠다. 나는 그렇게 말했던 적이 있다. 그랬던 내 혀가, 오늘 김선우 시인의 시처럼, 또는 기형도 시인의 절규처럼 그렇게 대롱대롱 온순한 양처럼 백태 긴 침묵 속에서, 무력하면 안 되겠다.

4월이 오면, 또다시 외치고 싶었다. "껍데기는 가라", 그렇게 외치고 싶었다. 그러나 우리가 역사를 통해 확인해왔듯, 그 껍데기들은 그냥 나가지 않는다. 아무리 쉰 목소리로, 우리들이 단도직입적으로 "가라 껍데기, 오라 알맹이!" 하는 구호를 외친다고 해도, 누적된 앙시앵 레짐은 오늘도 건재할 뿐만 아니라, 더욱 뻔뻔하다.

그러나 나는 그 대학이 어딘지 모르겠다. 관용과 사랑을 설파하는 한 종교대학이, 그 종교적 관용을 몸소 보여주었던 한 교수를 파면하고, 경북지역의 다섯 사립대학의 교수들이 정당한 분노로 교육부 앞에서 손에 팻말을 들고, 서울의 한 유수의 사립대학이 도대체가 중세시대에서나 있었을 법한 학생들에 대한 '출교'라는 징계를 통해 영구 제명을 한다는 일이, 여전히 우리의 사학에서 벌어지고 있다는 일은 어처구니와 소가 함께 웃을 일이다.

그래서 "미치고 싶었다/ 사월이 오면/ 산천은 껍질을 찢고/ 속잎은 돋아나는데" 버짐 핀 얼굴로 밤샘농성을 마치고, 화장실에서 이빨을 닦다가 우연하게 마주친 제자의 솔기 꺾인 칫솔을 바라볼 때, 그 제자의 소처럼 맑은 눈을 바라볼 때, 선생의 가슴이 뻐근해졌다.

아, 그렇게 봄날은 가고 있는데. 목련은 꽃잎을 허공으로 떠내려 보내고 있는데. 그렇게 "진달래 산천" 붉게 물들어, 제자들과 함께 꽃잎 띄워 막걸리 한잔 하고 싶었는데. 오늘도 나는 농성을 하고 있다. 그렇게 제자들도 밤샘농성을 한다. 숱한 사학의 교수들이 그렇게 쉰 목소리로 교육 당국에 외치고 있다.

그러나 장미 가시는 꽃이 져도 여전히 날카로울 것이다. 비바람과 천둥과 쏟아지는 별빛과 혹서의 태양을 견뎌낸 노송의 주름진 피부 또한 여전히 단단할 것이다. 다시 그러나 "미치고 싶었다/ 사월이 오면" 밤샘농성을 하는 밤에 신동엽의 시를 읊조리며 나는.

한나라당이 사학법 재개정에 다시 '올인'하면서, 법안 심의를 파행적으로 이끌고 있다는 보도를 들었다. 한 사립대학의 교수로서 경고한다. 부드러운 잎이 무거운 대지를 뚫고 올라온다. 시계를 되돌리지 마라. 지금은 4월, 찬란한 봄날이니까. 2006.4.26.

멈춰라!
유인촌

정권 초기부터 문화부의 행태는 마치 점령군 같다. 아무리 문화부 장관이 정부의 대변인이라도 그렇지, 최소한의 문화적 관용은 견지해주었으면 좋겠다. 「컬처뉴스」라는 웹진이 있다. 민예총에서 운영하는 문화예술전문 미디어다. 어느 날 이 매체에 기자인 안태호 씨가 '달려라 유인촌'이라는 기사를 게재했다. 자택에서 문화부까지 유인촌 장관이 자전거로 출퇴근하고 있다는 기사였다. 세간에는 유 장관의 자전거 출근을 '쇼'라고 폄훼하는 사람도 있거니, 그것이 쇼든 아니든 장관의 자전거 출퇴근은 의미 있는 일이라고 안 기자는 지적했다.

그런데 이 기사가 나가고 며칠 후 문화부로부터 기묘한 전화가 걸려왔다고 한다. 문화부의 대변인이 안 기자에게 직접 전화를 걸어 '달려라 유인촌'이라는 기사를 쓴 의도가 무엇이냐며 항의를 했다는 것이다. 안태호 씨는 다른 통로를 통해 알아보니 유 장관이 '달려라 유인촌'이라는 기사에 '모멸감'을 느꼈다고 하더란 말도 후속기사에 적었다. 문화부의 대변인이 직접 나서 기사를 쓴 기자에게 항의성 전화를 하는 일은 사실 언론계의 관행에서 볼 때 매우 이례적인 것이다. 기자 입장에서는 분명 기사에 대한 압력으로 느껴졌을 가능성이 높다.

사실 노무현 정부 당시의 이창동 전 장관 역시 유인촌 장관과 같은 '파격'을 자주 보여주었다. 자신의 낡은 자동차를 손수 운전해 캐주얼 차림으로 청사에 출근하는 이 장관은 언론의 주목을 받기도 했다. 유인촌 장관과 이 대통령의 관계와 비슷하게, 이창동 전 장관 역시 노무현 정부의 국정철학을 열정적으로 피력했던 사람이다. 그런 까닭에 그는 보수언론과 자못 껄끄러운 관계에 있었지만, 자신에게 비판적인 기사를 썼다고 해서 대변인을 통해 압력성 전화를 하거나 하는 일은 없었다.

유인촌 장관은 정권 초기부터 법적으로 보장된 임기제와 무관하게 산하단체장의 '물갈이'를 노골적으로 강요해 구설수에 자주 올랐다. 이 과정에서 문화계 원로들에 대해 모욕적인 언사도 서슴지 않았다. 실제로 모욕감 때문에 몇몇 기관장들이 사퇴하기도 했다. 최근의 '촛불정국'에서는 엉뚱하게 광우병 국민대책위에 '대화'를 제기하는 '파격'도 선보였다. 그 며칠 후 대책위의 집행부는 경찰에 의해 수배자 신세가 되었는데, 여당이나 야당이나 장관의 제안에 담긴 '진의'에 대해 공히 의문을 표시했다.

사실 가장 큰 문제는 이명박 정부에 제대로 된 '문화정책'이란 것이 없다는 사실이다. 지난 김대중·노무현 정부 시기는 '창의력'과

'상상력'을 강조하는 문화정책이 매우 체계적으로 정립되었다. 특히 구미의 선진국들 역시 '명백한 공공성'으로 간주하는 '기초예술'에 대한 관심 제고와 함께 문화산업에 대한 진흥책 역시 한계가 있긴 했지만 체계적으로 연구되었다. 그러나 이명박 정부에 제대로 된 문화정책이 있는가 하는 점은 지극히 회의적이다. 현재까지 문화부의 행태를 보면 인사 문제로 소음만 일으키고 있는 형국이다.

최근에는 문화부 차관도 '달리는' 듯하다. 사실 이즈음의 방송과 인터넷에 대한 정부의 압박을 보면, 제5공화국 당시의 악몽이 재현된 것 같다. 문화부 차관이 앞장서 법적 근거도 없는 대통령에 의한 KBS 사장 해임권을 말하고, 한국언론재단의 이사장 및 이사들의 자진사퇴를 권유하는 등의 반문화적 풍경이 일상화되고 있다. 방송통신심의위원회는 〈PD수첩〉을 노골적으로 압박하고, 검찰은 이례적으로 여섯 명의 검사를 동원해 강도 높은 수사를 펼치고 있다. YTN에는 낙하산 인사가 임명되고, 공영방송인 MBC를 민영화하자는 선동도 들려온다.

쾌적한 문화의 시대를 디자인해야 될 문화부가 반문화적 선동의 주인공으로 등장하는 일은 자못 씁쓸하다. 문화의 창의성과 자율성을 존중하고 이념적 갈등을 넘어선 심미적인 삶의 전망, 반성적 성찰을 통한 삶의 승화와 고양에 대한 프로그램을 체계화해야 할 공적 의무야말로 문화부의 존재근거가 아닐까. 그러나 오늘의 문화부는 오히려 정쟁과 이념적 갈등의 증폭기가 된 것처럼 느껴지는 것은 비단 나만의 생각일까. 자전거는 계속 달리되, 문화부의 반문화적 질주는 멈춰야 한다. 그러니 형용모순처럼, "달려라, 그러나 멈춰라 유인촌" 하고 말하게 되는 것이다. 문화의 시대에 걸맞은 문화부의 성숙한 모습을 고민하길 기대한다. 2008. 7. 29.

"책을 불사른 곳에서는 결국 사람도 태워 죽일 것이다."

독일 시인 하인리히 하이네의 경고는 나치즘의 미래를 정확히 예언했다. 히틀러 치하 독일의 불온서적 분서는 결국 아우슈비츠 절멸수용소에서의 대량 살육 전주곡이었다.

도처에서 불이 나고 있다. 숭례문이 화마에 붕괴되던 장면을 넋을 잃고 지켜보던 한 문화재 학자는 "대한민국이 붕괴되는 것 같다"고 탄식했다. 기묘한 것은 당시 대통령 당선자의 반응이었다. 그는 '국민 성금'으로 숭례문을 복원하자고 제안했고, 이 엉뚱한 발언 탓에 여론의 뭇매를 맞았다. 비통함에 대한 공감 능력은 전혀 보이지 않았다.

용산에서 다섯 명의 철거민과 한 명의 진압경찰이 죽었다. 죽은 자는 말이 없거니와, 검찰은 그 비극의 책임을 전적으로 철거민에게 돌리는 수사결과를 발표했다. 참 눈물이 많던 경찰청장 내정자는 사임발표를 하면서까지 '도심테러'를 운위했고, 여당 의원들은

'알 카에다 식의 자살폭탄테러' '양의 탈 쓴 폭력 집단'이라며 망자를 노골적으로 모독했다.

정월 대보름 화왕산 갈대밭에서는 또 다른 사람들이 죽어갔다. 10년 만의 겨울가뭄이었고, 산정이었으므로 당연히 강풍이 불었다. 수만 명의 관람객이 운집해 있었지만, 안전요원도 소방대책도 거의 없었다. 속수무책이라 말하지 말라. 그것은 명백한 인재였다.

불길은 국민들의 마음속에서도 거세게 일고 있다. 정권의 거짓된 책략과 진실을 봉쇄하려는 시도가 도처에서 목격되고 있기 때문이다. 인수위 시절부터 언론인 성향조사를 감행하더니, 정권 교체와 함께 공영방송의 사장이 해임되고 그 자리에 낙하산 인사들이 투입되었다. 일제고사를 반대했던 초등학교 교사들은 물론 공정방송을 요구했던 기자와 PD들이 해직되었다.

국민의 입과 귀를 막은 정권에 부응하여 국방부는 불온서적 명단을 재빠르게 발표한다. 경제위기를 경고하던 네티즌 미네르바가 단지 인터넷 게시판에 글을 올렸다는 이유로 전격 구속되는 것과 동시에, 정부와 여당은 총력전의 태세로 포털 및 언론의 진실보도 기능을 제한하는 악법들을 연이어 입법화하고 이를 강행 통과시킬 태세다.

언론인과 네티즌의 입을 막은 전력이 있으니, 이제 남은 것은 유력한 비판적 칼럼니스트와 논객들일 것이다. '88만 원 세대론'으로 많은 독자들에게 만만치 않은 영향력을 끼치고 있는 우석훈 박사에게 정부의 고위관계자가 청와대가 당신의 칼럼을 스크린하고 있다는 섬뜩한 암시를 던졌다고 한다.

이런 암시행위가 노골화된다면 이제 알 만한 칼럼니스트들 모두는 '아가리'를 닫고 절필하거나, 아니면 필화와 감옥에서의 사색으로 이어지는 '인생 역경 학교'에 입학해야 될 것인가. 연예인들은 과거 개그맨 김형곤 씨가 풍자했던 식으로 "회장님, 우리 회장님"을 예찬하고, "내가 미쳤어, 정말 미쳤어" 하는 거슬리는 가사 대신, 경쾌한 장조의 건전가요를 부를 날도 멀지 않은 것인가.

제5공화국도 아니건만 청와대 행정관이 보도지침을 하달하고, 경찰들은 각이 잘 나오는 포토라인에서 흉악범의 마스크를 친절히 벗긴 후 '프레스 프렌들리'한 연출을 하면, 기자들은 기사를 '받아쓰는' 시대로 회귀할 것인가. 이 정권 들어 말이 '소리'로 전락하고 소통이 '허무개그'로 몰락하는 일이 잦아졌다. 마치 IMF 당시의 '구조조정'이란 말의 남발과 비슷하게, 나쁜 의미의 '선제적 대응'이 전광석화처럼 시민적 일상 곳곳에 투하되고 있다.

그러나 권력은 '일엽편주—葉片舟'에 불과하다는 엄연한 진실, 두려워할 만한 자는 국민뿐이라는 당연한 사실, 대한민국은 민주공화국이라는 헌법적 현실을 지혜로운 대한민국의 국민은 결코 잊어본 적이 없다. 게다가 역사는 엿장수 마음대로 끊어낼 수 있는 것이 아니다. 늘어진 고무줄의 반동은 더 억센 반발력과 탄성으로 평형감각을 회복하거니와, 정녕 두려워해야 할 것은 민심이다.

봄이 오면 산에 들에 진달래만 필 것인가. 불이 말을 억누를 수 있다는 오만을 버려라. 오히려 말이 불이 되어 사람들의 가슴을 뜨겁게 달아오르게 하고 있다. 민심의 대지가 무서울 정도로 쩍쩍 갈라져 있다. 2009. 2. 17.

아내와 함께 민가협 주최로 열린 인권 콘서트를 다녀왔다. 올해로 18회째라고 한다. 오프닝 무대는 가수 전인권 씨가 맡았다. "'인권' 콘서트이니까 '전인권' 씨의 무대도 있어야 한다." 나는 이런 썰렁한 농담도 했는데, 함께 있던 친구들이 자못 허탈하게 웃었다. 많은 가수들의 노래를 들었는데 특히 크라잉넛의 무대가 압권이었다. 십대와 이십대의 젊은이들이 두 손을 하늘로 찌르며 열광했고, 중년을 넘긴 관객들은 그런 무대를 관조하며 앉아 있었다.

나는 어느 편이었는가. 마음은 여전히 청춘이라고 생각하면서도, 박수는 엇박자로 크라잉넛의 빠른 리듬을 자꾸만 빗나갔다. 삼말사초의 어정쩡한 몸의 감각은 그렇게 둔했다. 그러면서도 나는 전인권과 크라잉넛과 정태춘의 발성법과 무대 매너, 그리고 음악적 차이를 뛰어넘어 공연장에 있었던 많은 사람들이 우리 사회의 인권에 대해 생각하는 것은 참으로 뜻깊은 일이라고 생각했다.

가수들은 소리를 공명시키지만, 그 공명된 소리가 그것을 듣는 관객의 마음을 또한 공명시키고 몸의 리듬을 율동하게 한다. 그런 과정 전체가 소통과 공감의 과정이며, 심미적 성찰의 과정일 수 있다는 것을 내 몸은 이해하기 전에 느꼈던 것 같다. 그러면서도 나는 그 아름다운 콘서트가 한국 사회의 결여된 인권 상황에서 뿜어져 나오는 비통함과 관련되어 있다는 역설 앞에서 마음이 서늘했다.

그날 300일이 넘게 거리농성을 진행하고 있는 한국고속철도KTX 여승무원도 보았다. 그들은 단정한 제복을 입고 서 있었는데, 정작 그 제복을 입고 일해야 할 직장은 그들을 거리로 내몰았다. 대개가 구제금융 세대인 그들에게, 한국 사회는 사회화의 과정이 곧 배제의 과정이라는 것을 인식하게 만들었음은 가감 없는 사실이다. 한때는 '철도의 꽃' 운운하면서 장밋빛 미래를 역설했던 한국철도공사 측이, 여승무원들은 단순 접객서비스만을 담당한다며, 외주 위탁을 당연시하고 해고와 손배소를 가하는 적반하장에 아연하다. 특히 나는 경영합리화를 역설하면서 사태의 합리적인 해결 대신 오늘의 현실에서는 일반화된 시장과 경영논리의 폐쇄회로에 갇혀 있는 과거 민주화 운동 출신 경영주의 시각에서 아이러니를 느낀다. 민주노동당 노회찬 의원이 밝힌 것처럼, 철도공사는 이들을 옛 홍익회인 한국유통에 고용을 아웃소싱함으로써 오히려 더 많은 비용을 지출하고 있다. 경영논리로서도 합리적이지 않지만, 더욱 심각한 것은 비정규직 하청업체의 용역직원으로 전락한 이들 여승무원들 모두가 취업 당시에는 이러한 근로조건을 알 수 없었다는 사실이다.

그래서 KTX 여승무원들의 인권 상황에 심각한 우려를 표명하고 있는 700여 명에 이르는 대학교수들은 이런 상황 자체가 사회적 약자인 여성 비정규직 노동자를 대량 양산하는 '취업사기'라며 강력하게 비판하고 있는 것이다. 게다가 이들 여승무원의 업무가 단순 접객서비스만을 제공하는 것이 아니고, 실제로는 철도 안전업무 전반을 수행하고 있었으며, 이들에 대한 근로교육에서도 이것이 강조되었다는 사실이 이미 밝혀진 바 있다. 사정이 그러니만큼 한국철도공사 쪽이 주장하는 외주 위탁의 논리는 그 근거가 희박하며, 여승무원들의 사회적 호소는 정당하다.

인권 콘서트에 간 나는 푹신한 의자에 앉아 있는 한 사람의 관객이었다. 그러나 이 결여된 인권 상황에서도 나는 관객일 수 있을까. 나는 노래는커녕 박수조차도 아둔한 삼말사초의 엇박자지만, 적어도 진실은 간명하다는 사실만은 잘 알고 있다. 여승무원들에게 KTX를 허하라. 이것이 내 연말의 인권희망이었다. 2006. 12. 13.

고통의 진원지 '양치기 경제학'

　글로벌 경제위기가 한층 심화되는 방향으로 나아가고 있다. 이는 정책 당국에 대한 뿌리 깊은 국민적 불신과 함께 1997년의 외환위기를 거치면서 몸소 체험한 시민들의 '학습 효과'도 한몫하고 있다. 1997년 당시에도 정부는 '고통 분담'을 시민들에게 요구했고, 또 우리들은 실제로 경제를 살린다는 이유로 자신에게 강림한 여러 형태의 고통을 감수했지만, 10여 년의 세월이 지난 현재 '시장권력'의 강화 또는 '기업사회'로의 완전한 체제화였을 뿐이다.

　또다시 이 체제는 시민들, 아니 더 정확하게는 풀뿌리 민중들을 고통의 나락으로 떨어뜨리고 있다. 인력 구조조정에 따른 중년 실업자의 가파른 증가, 저임의 단기 비정규직 노동시장의 확대에 따른 노동의 일용직화, 시장으로의 진입장벽이 높아짐에 따라 심화되는 청년실업의 장기화는 또다시 풀뿌리 민중들의 삶을 피난처 없는 쓰나미로 내몰고 있다.

　그런 와중에, 과거와 마찬가지로 대규모의 공적 자금은 시장 지배적 기업에 투입되는 것과 동시에 중소기업의 몰락을 더욱 가열하게 촉진할 것이다. 그러면서도 이 정부는 국민들에게 헛된 이상을 연일 역설해 화를 오히려 키우고 있다. 그 구호는 대개 상투적인 것이어서 '위기가 기회다' '긍정적인 사고를 하자' '오히려 선진국이 될 수 있다' 등 도대체가 낡은 구호들로 충만하다.

무책임한 정부의 선동도 문제지만, 그런 정부를 이론적으로 떠받치고 있는 이른바 주류 경제학자들의 무능과 궤변도 생각해볼 문제다. 1997년의 외환위기 당시에도 나온 비판이지만, 한국의 주류 경제학자들은 파국 바로 직전까지도 한국 경제의 승승장구를 예찬하는 거짓 선지자들이었다. 막상 위기가 현실화되자 이들은 줄줄이 고해성사를 하면서, 자신들의 학문적 무능을 분식하기에 급급했다.

10년의 세월이 지나고 난 지금, 또다시 우리들이 목격하고 있는 것은 외환위기 당시의 태도와 전혀 변한 것이 없는 주류 경제학자들의 혼란스러운 언사들이다. 오늘의 풀뿌리 민중 대다수가 주류 경제학자들의 발언이나 정책 당국의 신호에 반응하기보다는 미네르바를 포함하여 인터넷상의 경제논객에 더 신뢰감을 갖는 것은 이유가 있다. 간단히 말하면 이들의 진단이 '정치권력'이나 '시장권력'의 이해관계로부터 자유로우면서도 풀뿌리 민중의 현실에 '사심 없이' 밀착한 분석과 전망을 제시하고 있기 때문이다.

주류 경제학자들과 정책 당국이 지난 1년 동안 온갖 정책적 수단과 대책을 내놓으면서 '위기는 없다'고 역설한 것이나, 이른바 '선제적 정책'을 가동했으므로 한국 경제는 문제없다고 말한 허풍을 믿는 사람은 그들 자신을 빼고는 아무도 없다.

그런데 생각해보면, 주류 경제학자들의 이 빗나간 예측의 파노라마는 어째서 가능했는가 하는 의문이 남는다. 진실은 간명한데 그것은 이들의 주장과 예측은 '기업경제론', '시장권력 유지론'의 시각에서 생성된 이론들이기 때문이다. 이런 성격의 경제학에서는 시장이라는 구조와 초국적 기업경제의 유지라는 목표가 중요한 것이지 풀뿌리 민중의 자립과 자치, 지속가능한 순환경제에는 하등 관심이 없다. 풀뿌리 민중의 입장에서는, 바로 그렇기 때문에 '국가경제를 살리자'라는 말 대신 '풀뿌리 민중을 살리자'는 패러다임의 전환을 모색해야 한다. 역시 중요한 것은 사람이고, 경제란 그런 '사람'을 살리기 위한 수단 아닌가. 이를 위해서는 '기업사회'의 선교사가 되어 있는 주류 경제학적 도그마와는 그 시선이 다른, 풀뿌리 민중의 자립과 자치를 가능케 할 '민중경제학' 또는 '자립적 순환경제학'의 논리와 비전을 만들어낼 수 있는 새로운 경제학자들이 집단적으로 등장해야 한다.

기업이나 정부의 연구 용역비에 '매수된' 경제학자가 아니라, 고통받는 사람들의 자립과 자치에 적극적으로 조응하는 경세제민經世濟民의 '진짜 경제학'을 연구하는 사람들이 나와야 한다. 그런 경제학자들이 없기 때문에 우리는 '양치기 경제학자'들의 치명적 거짓말에 거듭 속으면서도 고통이란 고통은 죄다 떠안았던 것이다. 2008. 12. 8.

진중권 생각

　문화평론가 진중권이 겸임교수로 재직했던 중앙대에서 재계약 거부 통보를 받아 논란이 되고 있다. 설사 겸임교원의 재계약 여부는 학교 당국의 재량권에 속한다고 할지라도, 위촉 당사자인 소속학과의 견해나 학생들의 수업권 등을 고려하면, 이번 사태는 결국 학문 외적 이유로 유력한 지식인이 대학 밖으로 추방된 명백한 사례로 해석될 여지가 많다.

　진중권을 명예훼손 등의 이유로 고소한 젊은 뉴라이트 논객은 노골적으로 그를 시장에서 퇴출시키겠다는 기염을 토하고 있다. 시장은 모르겠지만 적어도 대학에서 진중권의 교권은 수모를 면치 못하고 있는 것은 사실이다. 한국예술종합학교에서도 자의 반 타의 반으로 강의를 그만둔 실정인 데다가, 뉴라이트에 의한 한예종 구조조정의 핵심적 근거로 전임교원도 아닌 그가 거론되는 수모를 겪었던 것도 환기될 필요가 있다.

　게다가 그는 각종 민·형사상의 송사로 원치 않는 피로한 일상을 보내고 있다. 물론 그가 이 번거로운 송사에서 결국 스스로의 정당성과 존엄을 회복할 것은 분명한 일이지만, 대학에서 해직도 되어보고 필화 때문에 송사도 여러 번 겪어본 내 입장에서 보자면, 그것은 소모적이고 또 지식인 진중권의 창조적 역량을 분산시키는 우울한 환경을 조성할 것임에 틀림없다.

사실 법적·윤리적 정당성과 무관하게 진중권이 이토록 피로한 삶의 정황에 처하게 된 것은 그가 드물게 뛰어난 시대의 논객이자 이 정권 들어 횡행하고 있는 유사 파시즘적 반동에 대한 날카로운 고언을 직설적으로, 때로는 풍자적으로 제출한 까닭이다. 게다가 그의 촌철살인은 뉴라이트의 혐오와는 비할 데 없는 광범위한 대중적 동의를 얻고 있는 까닭에, 그와 정치적 입장이 다른 극보수의 정파적 판단 속에서는 신속히 잠재워야 할 장애로 간주되었을 것이다.

하지만 다행스러운 것은 대학에서 그가 추방되었다고 할지라도, 시장체제가 내포하고 있는 기묘한 탄력성과 개방성 탓에 진중권의 상징적·현실적 활동은 그 반경이 오히려 확대될 수밖에 없다는 것이다. 때문에 시장자유주의를 역설하는 뉴라이트가 이 시장의 모순적인 자율성을 이해하지 못하고, 한 개인이 시장을 좌지우지할 수 있다는 식의 사고를 노골화하고 있는 것은 어처구니없는 것이다.

그래서 역설적으로 뉴라이트 세력이 진중권을 법적·제도적·담론적으로 모욕하면 할수록 반비례하여 진중권의 사회적 영향력은 더 큰 정당성을 확보하고, 그의 개인화된 고통에 대해 지식인은 물론 대중들의 공공적인 수준에서의 감정이입은 더욱 심원해지는 것이다. 그게 담론 시장에서의 이른바 대응-생산성counter productivity라는 것이다.

그런데 생각해보면, 이명박 정권 들어 진중권뿐만 아니라 이른바 비판적 지식인에 걸맞은 사명감을 갖고 있는 무수한 인사들이 각각의 영역에서 추방당하고 있다는 사실을 알게 된다. 비단 관료나 지식인, 언론인과 같은 공인들뿐만 아니라, 네티즌 미네르바를 포함하여 자기 소신이 뚜렷한 사람들이 망명객과 비슷한 처지로 추방되고 있다. 추방의 과정에서 그들 대부분이 감당할 필요가 없는 모욕에 무한 노출된다는 공통점이 있다.

냉정하게 보면 이것은 한국판 매카시즘이며, 주체적으로 말하고 생각하는 사람들을 제도적으로 박멸하겠다는 체계적인 적의의 산물이다. 그런데 뒤집어 보면, 이것은 동의에 기반을 둔 소통과 정치의 불가능성에 직면한 세력들의 현실적·심리적 공포가 낳은 오도된 공격성의 명백한 사례인 것이다. 담론에 의한 주도권 전략이 실패하게 되니까, 상스러운 제도적 폭력이 남발되는 것이다.

이런 현실 속에서 제대로 된 이성을 가지고 타인에 대한 따뜻한 감성도 포기하지 않고, 더 나은 공동체에 대한 신념을 포기하지 않는 사람들은 무엇을 해야 할까. 엉뚱한 것처럼 보이지만, 우리는 생각하면서 미래를 설계해야 한다. 현안에 대한 싸움도 그칠 수 없는 것이지만, 오늘날 천둥벌거숭이처럼 날뛰는 권력의 패악상을 꼼꼼하게 기록하는 데서 그치지 않고, 품위 있는 사회에 대한 말랑말

랑한 비전을 치열하게 구상해야 한다. 공부와 토론도 그칠 수 없다. '추방된 자의 시선'으로 세상을 다시 읽고 다시 써야 한다. 2009. 8. 30.

이상한 나라, 나쁜 역사의 반복

이명박 정권이 중도실용의 기치를 내걸고 경제성장에 대한 청사진을 제시하면서 등장했을 때, 그 호소의 진정성을 일단 믿어보자고 하는 사람들이 꽤 있었을 것이다. 대다수의 분석자는 2007년의 대선이 '뉴타운 선거'였다고 말하고, 그것이 진실에 가까웠던 것은 분명하지만, 그래도 '산업화→민주화→선진화'로 이어지는 한국사의 연착륙에 대한 기대가 있었던 것이 사실이다.

그러나 절반의 임기를 지나고 있는 현재의 정치사회적 관점에서 보면, 역사는 오히려 산업화 이전으로 퇴행하고 있다고 보아도 과언이 아니다. 어떤 측면에서 보면, 이명박 정부는 1948년 대한민국 정부 수립 직후의 이승만 정부와 유사해 보인다. 나쁜 역사의 반복이다.

국가 정체성의 확립이라는 명분을 토대로 국민과 비국민을 가르는 역사의 패착이 반복되고 있다. 외교통상부 장관이 야당을 지지한 젊은이들에게 "어버이 수령" 운운하면서 "북한 가서 살아라"라고 일갈한 것이나, 국방부 장관이 "정부나 군과 같이 권위 있는 기관을 안 믿으려는 국민이 30% 존재하는 나라를 끌어가기 힘들다"고 한 발언 모두 '비국민 솎아내기'의 전형적인 안보 독재적 발상이다.

민주적 리더십이 부재하므로 사회가 경찰국가화하는 것 역시 유사하다. 2008년의 촛불항쟁 이후 대도심에서 시위진압에 동원되는 경찰버스와 의·전경을 보는 일은 이제 일상이 되었다. 대학생들이나 시민사회단체의 기자회견뿐만 아니라, 군중이 운집하는 문화행사에 가장 흔하게 출현하는 것은 이들이다.

때로는 가스통으로 때로는 각목을 들고 시민사회단체들의 집회 현장이나 소수자들의 생존권 집회에 나타나 위협과 폭언, 폭력을 서슴지 않는 백색테러도 늘고 있다. 4대강 반대시위에 나섰던 국회의원이나, 천안함 사건의 객관적 진상규명을 촉구하는 참여연대의 정책위원장이 당한 폭행은 아주 흔한 사례이다. 용산참사에서 경찰과 용역이 진압작전에 함께 동원되는 데서 더 나아가 경찰특공대까지 투입될 지경이면 할 말이 없다.

법적 근거를 넘어선 '그림자 권력'에 의한 사찰과 감시 역시 이승만 정부를 연상케 한다. 민간인 불법사찰 사건을 계기로 불거진 국무총리실 공직윤리지원관실의 불법적 사찰은 이들 민간인들뿐만 아니라, 대통령의 형님을 2선 퇴진하라고 요구했던 여당의 국회의원들, 그 의원의 부인까지 사찰할 정도로 집요했다.

냉전적 대북관계 역시 이승만 정부를 연상케 하고 있다. 천안함 사건을 기화로 북한에 대한 대결적 안보정국을 초래했지만 외교전에서는 실패했다. 미국과의 한미 합동군사훈련을 밀어붙이고 있지만, 남북관계의 경색은 물론 미중 간의 불필요한 안보 주도권 다툼에 휩쓸려 한반도 위험을 첨예화하고 있다.

정권 내부의 권력투쟁은 점입가경이다. 대변인들은 대통령의 발언을 마사지하고, 왕조 시대도 아닌데 '영일대군'의 닉네임이 등장하고, 이른바 친이 직계들 사이에 때로 으르렁거리고 눈물도 흘리는 등의 드라마가 펼쳐진다. 게다가 이 정부에는 실정을 책임지는 인사가 보이지 않는다. 세칭 '세종시 총리'로 불리는 국무총리는 자리에 연연하지 않는다면서, 그 자리에 계속 앉아 있다. 천안함 사건을 책임지고 백의종군해야 마땅할 국방부 장관은 감사원과의 설전도 불사하며 의연하다. 인사의 난맥상은 '고소영'과 'S라인'의 회전문, 돌려막기, 보은, 낙하산 등으로 얼룩져 있다.

이런 와중에 연예인들이 수난의 주인공이 되고 있다는 것은 더욱 기이한 일이다. 김제동, 윤도현, 김미화 같은 연예인들이 무슨 '투사'도 아닌데, 방송국들은 석연치 않은 이유로 이들의 재능을 싹둑 자르고 있다.

정부의 보도자료를 받아쓰고 있는 뉴스를 보면 경제는 승승장구하고 있다고 한다. 그렇다면 지방정부의 숱한 재정적자와 부동산 폭락과 금융부채에 허리가 휘고 있는 대다수 서민들의 고통은 어디서 오는가. 낙수효과라는 것이 있다던데, 그 많은 성장의 과실은 어디로 가고 있단 말인가.

지금이라도 이명박 정부가 이 거대한 민심 이반의 징후로부터 경계를 얻지 않는다면, 이 정부의 앞날은 매우 어둡다. 문제는 그것이 단지 정권의 문제에 그치는 것이 아니라 한반도의 미래와도 연결되어 있다는 사실에 있다. 이승만 정부의 전철을 따라가면 안 된다.

2010. 7. 27.

우리는 유령인가

이 세계에 과연 희망이 있는 것일까. 파괴의 잔혹한 힘에 맞서 살아남았던 민중들의 힘은 끈질기게 기억하는 데 있었다. 체제가 유포하는 살균된 필름 속에 담겨져 있는 찬연한 영광의 순간들이란 민중 편에서 보자면 강요된 가짜 기억이다. 그것은 철학자 이반 일리치의 은유를 빌리면 프로메테우스적 오만을 얼마간 닮아 있다. 불은 희소하기에 유용한 것이며 따라서 인간 편에서 보자면 문명의 비가역적인 전진운동을 낳았다. 모든 생산성이나 발전주의적 세계관은 프로메테우스의 이 영웅적 행적을 미화하는 경향이 있다. 인간주의의 관점에서 보자면, 프로메테우스에 대한 신들의 가혹한 응징과 질투는 참으로 기묘한 감이 없지 않다. 프로메테우스의 결단주의와 인간세계의 발전을 위한 자기희생, 설사 그것이 이전에는 부재하였던 고통의 잔해들을 땅끝까지 전파했을지라도, 판도라의 상자를 연 것은 불가피한 것 아니겠는가 하는 쾌적한 합리화야말로 근대적 사고의 문법체계다.

그러나 이 근대적 사고의 문법체계가 정작 영웅일 수 없었던 대다수 민중들의 삶의 기반을 분쇄하고 형해화했던 '악마의 맷돌'이었음은 재론의 여지가 없다. 근대 이후 인간세계를 장악해온 프로메테우스는 실상 자본과 그 대리인인 자본가들이었지만, 한때 이들은 상승하는 부르주아의 세계가 이전의 군주제나 신정정치가 가한 압제로부터의 해방을 급진적인 방식으로 촉진하는 주체로 간주되었다.

　공화국의 이념은 부르주아적 정치체제를 의미하는 것이 아님에도 불구하고, 일단 공화주의 체제가 성립하면 부르주아들은 아래로는 압제를, 위로는 구체제와의 결탁을 용인했다. 민중들이 촉발했던 급진적 혁명과정은 결국 이후의 무수한 반혁명을 합리화하기 위한 전시가치로 전락했으며, 민중들의 급진주의나 연대감은 지속적으로 파괴되고 일소되는 것이 당연한 수순이었다.

　실로 착취는 발전의 끊을 수 없는 명백한 그림자에 해당하는 것이었다. 시간대는 다르지만 영국식의 산업혁명은 모든 근대민족국가의 발전전략의 원형이었고, 이 과정에서 배태되었던 민중들의 참혹한 운명은 오늘의 중국이나 인도뿐 아니라 지구 어디에서나 발견할 수 있는 것이다. 토대라고 하는 말의 진정한 주인공인 토지로부터 민중들이 분리됨으로써, 초기 산업화 시대의 민중들은 단지 생산수단만을 상실한 것은 아니었다. 그들의 임노동자로의 전락은 장구한 시간 동안 지속되었던 문화적 유대감의 완전한 상실을 의미하는 것이었고, 결속의 근거가 되었던 코뮌적 공감 능력의 파괴로 이어졌다.

산업화 이후 개인이 된다는 것은 부르주아들에게는 자기통치의 주체인 동시에 치안의 주체가 되는 것을 의미했다. 그러나 민중들은 끝없이 분쇄되고 분리되고 쪼개지고 산포되어 결국 한 줌의 잔해로 전락해갔다. 민중들에게 토지는 단순한 거주나 공간 개념을 의미하는 것이 아니라 살아 있음의 연속성과 그것의 시간적 연결감각을 가능케 하는 기억 그 자체였던 것이다. 기억이란 끝없는 상기의 과정을 통해서, 그가 상실했던 공동체로 다시금 귀환하는 장치이다. 따라서 기억하기란 체제가 강요하는 '가짜 기억'에 맞서는 민중들의 '대항 기억'을 활성화하는 필사적인 투쟁이기도 한 것이다.

초기 산업화 과정에서 민중들이 벌였던 실로 눈물겨운 저항과 연대의 정신은 그들의 영혼과 신체 속에 생생하게 약동하고 있는 이 기억에 의존해 있었고, 그들은 단순히 회상의 형식이 아니라 현실 속에서 기어이 그 기억을 되당기고 싶었다고 보는 것이 옳다. 은유적으로 말하면 세상의 모든 '전태일들'은 그렇게 근近 과거를, 현상적으로는 쇠락해가지만 희망의 차원에서는 여전히 회복 가능한 유토피아로 간주했고, 그것에 비추어 미래 쪽으로 숨 가쁘게 달려가는 가공할 파괴의 시간을 일시적으로나마 파열시킬 수 있다고 믿었다. 한국의 전태일이나 러다이트 운동(18세기 말에서 19세기 초에 걸쳐 영국의 공장지대에서 일어난 노동자에 의한 기계 파괴 운동)에 참여했던 영국의 수공업 길드의 장인과 도제들은 후세대의 눈으로 보자면, 다소간은 무력해 보이고 때로는 시대착오적인 가치로 무장된 것처럼 보일 수 있지만, 이조차도 우리들을 장악하고 있는 만들어진 근대적 심성에 의한 왜곡 때문이라는 것을 잊어서는 안 된다.

확실히 이들은 프로메테우스적 유형의 인간들은 아니었다. 명백히 말하면 이들은 대개 상실되어가는 인간성과 그 감정에 호소했고, 산업화의 비인간적인 체제를 새된 목소리로 고발했으며, 인간다운 세계의 완전한 복구를 꿈꾸었다. 분명 이들은 난쟁이였고, 게다가 추방당하고 착취당하는 난쟁이들이었지만, 마치 험난한 여행 끝에 거의 간신히 집으로 돌아온 오디세우스처럼 그들 스스로도 귀향의 꿈을 결코 저버리지는 않았다. 산업화 체제는 이에 저항하는 민중 편에서 보자면, 지금 당장은 아니지만 어떤 형태로든 교정 가능한 가변적 압제에 해당하는 것이어서, 이후의 역사가 실제로 증명하듯 피도 눈물도 없는 비가역적인 세계자본의 폭정으로까지 인간 역사가 악화될 것이라고는 아무도 믿지 않았다.

*

물론 오늘의 자본주의는 산업화 당시의 그것과는 완전히 판이하다. 산업화를 지탱했던 토지와 인간노동의 성격이 형언할 수 없는 수준으로 완전히 파괴될 상황에 처해 있다. 오늘날 자본에 의한 공유지 및 사유지의 약탈은 전 지구적인 차원에서의 생태순환의 파괴를 감수하면서 진행되고 있다. 이른바 저개발국가에서 자행되는 토지수탈은 여전히 본원적 축적의 형태를 띠고 있지만, 한국과 같은 후기산업화 국가에서는 공유생태자원의 완전한 파괴(이른바 4대강 막개발)와 함께 뉴타운과 도심재개발과 같은 항상적인 도시파괴를 통한 개발계획을 통해, 착취의 결과로 집중된 대도시 민중들을 완전히 공기 중으로 배제시키는 메커니즘을 작동시키고 있다.

문제는 이렇게 배제되고 있는 민중들이 초기 산업화 과정의 민중들처럼 저임의 산업예비군으로 착취당할 수 있는 조건마저도 완전히 상실한 잉여적 사물로 전락하고 있다는 것이다. 이촌향도는 불가능할 뿐만 아니라 이도향촌도 봉쇄되어 있는 것이 오늘의 민중들이 처한 비극적 딜레마다. 오늘도 배제되고 추방당하고 있는 이들은 일종의 경제난민에 해당되지만, 체제의 안과 밖 모두에서 이들은 정박할 항구를 찾지 못하고 있다. 헐벗은 생명으로 표현하는 것조차도 적당하지 않은 비인非人 또는 유령화된 삶이라고 말해야 할까.

인간노동의 성격 역시 과거와는 크게 다르다. 한편에서 이 체제는 청소년들의 아르바이트부터 노년의 생계노동까지 전 세대를 평생노동의 이념으로 윽박지르고 더 강도 높은 착취를 감행하고 있지만, 동시에 많은 수의 민중들을 임노동으로부터도 완전히 배제시키는 메커니즘을 통해서야만 자본의 생존을 보존할 수 있는 극단의 체제다. 자본축적의 말기적 양상은 토지와 인간노동 전체에 대한 전면적인 파괴와 배제를 통해서만 가능할 수 있는데, 양극 가운데 상류계급을 제외한 모든 계급을 파괴하거나 배제하는 메커니즘이 구조적으로 자행되고 있다.

명료하게 말하면 이 체제는 자본축적과 순환을 가능케 할 충분한 구매력을 보유한 상층계급을 제외한 대다수 민중들(중간계급도 포함된다)을 체제의 바깥으로 배제함으로써만 간신히 지탱되는 것이다. 궁극적으로 이것은 인플레이션으로 시작되어 디플레이션으로 나아가는 전 지구적인 공황의 임박한 징후를 보여주는 것이며, 경기회복의 최종적 해법으로서의 비대칭 전쟁을 야기할 수 있는 위험, 그것의 명백한 희생양으로 전락하게 될 것임이 분명한 희생양이 배제된 민중들 그 자신이 될 수 있음을 강력하게 암시하고 있다.

전쟁이란 표현이 등장하고 있는데, 그것은 이미 이 시대 민중적 삶의 체제화된 조건이라 할 수 있다. 용산참사, 쌍용자동차 사태, 최근의 한진중공업 사태 등을 통해서 확인할 수 있는 공통점은 오늘날 자본의 작동 방식은 노동 과정에서의 인간의 전면적인 배제를 구조적·체제 내적 상수로 포함하며, 다시금 그들을 삶의 장소로부터 뿌리 뽑아 완전한 유령적 존재로 전락시키는 것에서 보듯 말기적 광기를 보여준다는 것이다. 반면, 자본의 구조적 압제에 저항하는 민중적 연대는 미약한데, 이것은 자본에 의한 압제가 여러 장소에서 동시다발적으로 진행되는 반면, 이에 대항해야 될 편에서는 그 임박한 압제의 희생양이 자기 자신이 될 것이라는 사실에 대한 인식을 회피하려는 '공포로부터의 도피' 경향이 민중들에게 뚜렷한 성향체계로 자리 잡았기 때문이다.

이는 자기계발의 의지나 승리주의 이데올로기의 문제라기보다는, 자본의 무력에 완전히 포위된 데서 발생한 민중적 힘과 전망의 상실, 이에 따른 정신분산적 아노미 상황의 점증하는 아노미적 공포 때문이다. 실로 공포는 압제적 상황 속에서 희생당하는 존재 자신보다는 그것을 바라보는 대중들의 '구경꾼의 공포' 속에서 중첩되고 배가된다. 가령 오늘날 그것을 뚜렷이 보여주는 세대군은 이십대의 청년들이다. 이들 이십대가 이전의 청년에 비해 유독 그 내적 역량이 미약하다고 볼 수 있는 근거는 별로 없다. 다만 이들 세대가 이전의 청년 세대와 다른 점이 있다면, 1997년 이후 한국 사회의 신자유주의적 광풍을 그들 자신이 직접 체험했다기보다는, 그들의 부모 세대를 통해 더욱 공포스럽게 피학적으로 추체험해 완전히 내면화했다는 점에 있다.

이 간접화된 공포의 피학적 추체험이 문제인 것은 세계를 스스로에게 '적응'시키지 않고, 세계에 스스로를 '적응'시키는 것만이 거의 유일한 생존법이라는 이데올로기가 독사doxa화된 정언명법으로 이들의 의식과 신체를 장악했다는 점에 있다. 기성세대의 편에서 보자면, 이것은 매우 어처구니없는 청년정신의 퇴행처럼 보이지만, 과거의 세계사적 상황의 과정을 복기해보면 이런 수동적 청년들은 성난 젊은이만큼이나 자주 역사 속에 등장했다는 것을 확인할 수 있다. 이들 청년 세대들은 앞선 민주화의 기성세대들처럼 사회화의 과정 속에서 어른들이 강변하는 세속적 처세법이 허위에 불과했다는 것을 각성할 수 있는 기회가 부재했다. 실제로 그들이 성장해가는 과정 속에서 명확하게 인식하게 된 사실은 '적응'해야만 살아남을 수 있다는 체제가 강조하는 '명백한 사실'에 대한 재인식이었다.

과거, 착취에 의존하는 산업화경제는 그것에 저항하는 민중들을 완전히 배제할 수 없었다. 산업자본주의가 민중들에 대한 압제의 형태였던 것은 분명했지만 상품소비시장의 형성과 확대의 필요성 때문에, 자본은 민중들을 선택적으로 분리통치하고 '성공신화'를 통해 계급적 상승의 사다리를 올라갈 수 있다는 강렬한 암시를 민중들에게 환기시키곤 했다. 민중 편에서도 공장을 멈추거나 볏단을 태워버리는 행위를 통해 자신들의 힘과 분노를 과시할 수 있는 명백한 근거를 찾을 수 있었다. 노동의 측면에서는 국경을 넘는 이동 자체가 제한되어 있었기 때문에, 고용안정성은 적어도 통계학적 차원에서는 일정하게 유지되었다. 그 성장기의 국면에서는 지속적인 경제성장을 낙관할 수 있다면, 민중들의 생존권 투쟁과 자본의 일정한 헤게모니적 타협과 양보의 이중주는 썩 유쾌한 것은 아니지만 그런대로 연주될 수 있었던 것이다.

그러나 신자유주의는 이 모든 것들을 붕괴시켰다. 비인간적인 것을 본성으로 하고 있는 화폐는 인간과 국경을 뛰어넘으면서 빠른 속도로 그에게 손을 뻗는 모든 대상을 메두사처럼 경직시키고 파괴시켰다. 국경을 넘는 자본의 초속도성이 격화되면서, 둔한 인간의 신체와 정념은 배제되어도 화폐가 도달할 수 없는 장소와 육체는 거의 없는 것처럼 보였다. 축적의 욕망은 결코 반성하지 않는 것이어서, 이미 유령화된 인간이나 생태순환에 대한 고려 없는 파괴도 화폐로 교환될 수 있기만 하다면 일단 파괴하는 것에 거리낌이 없었다.

상품미학은 추파를 던지는 대중들의 은밀한 눈길 속에만 있는 것이 아니라, 모든 어제의 상품들이 해 아래서 이미 낡고 폐기되어야 할 숙명이라는 것을 나날의 공포 속에서 확인하는 데 있다. 비정한 화폐경제 아래서 인간 역시 예외가 아니다. 오늘의 임노동이 던지는 추파는 자본주의 상승기에 그토록 흔했던 젊음의 예찬조차 생략하고 있는데, 사실 이 시대의 젊음은 오지 않는 고도를 기다리는 사무엘 베케트의 희곡 속 부조리한 주인공을 닮아 있다. 기다리고 갈망하지만 그는 임노동의 동굴로조차 기어 들어갈 수조차 없다. 반면 추방은 빈번하다.

*

용산참사를 초래했던 자본의 발전주의 전략은 오래된 비극의 현대화된 재현이지만, 그 비극의 재편 속에는 전에 없던 잔혹함이 존재한다. 산업화 당시의 개발주의는 공유지를 포함하여 개발 이전의 토지로부터 원주민을 추방하되, 추방당하는 원주민이 편입된 도시의 주변부일지라도 적어도 생명의 끈을 유지할 수 있는 노동의 근거를 제공할 수 있었다. 자본의 확대재생산에 대한 최소한의 낙관이 존재했기 때문이다.

그러나 용산참사를 포함하여 도심지역을 중심으로 자행되고 있는 각종의 토건사업들, 4대강 막개발로 상징되는 국토변형은 성장기에는 동맹세력으로 간주했던 자영업자와 중산층조차 도심으로부터 추방하는 것과 동시에, 파괴에 떠밀려 도심으로 이주하고자 하는 토착민들의 진입을 봉쇄한다. 동시에 더 이상 비용을 외부화할 수 없는 자연의 비가역적 파괴를 통해, 그 개발이익의 대부분을 토네이도처럼 상층계급이 빨아들이고 있다. 이것은 단지 고혈을 짜는 수준이 아니라, 인간과 자연을 완전히 파괴하고 연소시켜 결국 붕괴할 것이 분명한 자본의 생존을 유지하고자 하는 극단적 현상이다.

이 배제와 파괴에 의존하고 있는 자본주의는 불가피하게 아니, 필연적으로 전쟁의 형태를 띠게 되는데, 실상 평범한 자영업자들의 생존권 투쟁을 도심테러로 규정한 후 경찰특공대를 투입하여 잔인하게 진압했던 용산참사의 전개 양상에서 우리들이 확인할 수 있는 것은 국가와 자본 동맹이 이제 국민경제나 글로벌경제 외부에서의 자본 확대의 근거를 찾을 수 없게 되자, 노동과 자연의 전면적 파괴를 통해 그것을 보충하고자 한다는 것이다. 물론 이것은 한국적 상황인 동시에 세계사적 상황에 해당되는 무력의 거대한 분출로 이해할 수 있다.

이런 사정을 고려하면 용산참사는 이례적인 사건의 종언이기보다는 앞으로 이어질 또 다른 참사의 명백한 전조에 해당하는 것이며, 국가와 자본 동맹 편에서 보자면 이전까지 민주주의의 외피를 쓴 채로 작동되었던 헤게모니적 지배 대신에 이제는 노골적인 무력의 동원을 통한 공포정치를 작동하겠다는 의도를 분명히 한 것으로 이해할 수 있다. 실제로 용산참사를 전후하여 국가와 자본 동맹이 자행한 민중들에 대한 노골적인 탄압과 결사의 봉쇄는 끔찍한 것이었다.

쌍용자동차 사태에서도 나타난 것이지만, 실상 노동자들이 국가와 자본 동맹에 옥쇄파업으로 대항한다고 할지라도, 공권력은 유사

전쟁과 같은 방식으로 그들을 간단히 무력진압하겠다고 윽박질렀을 뿐만 아니라, 일상으로 돌아온 노조원들을 법적 처벌과 손해배상·가압류 등의 국가권력을 통해 완전히 분쇄했던 것이다. 명백하게도 이것은 국가-자본 동맹과 민중들 사이의 전쟁의 성격을 띠고 있지만, 문제는 속박당하고 배제당하는 대다수 민중들 편에서 보자면 이것은 납득할 수 없는 숙명적 재난의 형식으로 경험되며, 이에 대항하는 민중적 결사와 연대의 집합적 역량은 매우 미약한 상황에 있다는 점이다.

사태의 실상이 전쟁 상황이라면 이에 대항하는 민중들의 집단적인 결사와 연대, 무력에 대항하는 결집된 힘의 보존을 통한 자본과 권력에 대한 민주적 통제의 집합적 역량을 발현하는 일은 분명 필요한 것이다. 그러나 사태가 재난적 상황으로 이해되는 한, 그것은 고립되고 분자화된 특수한 사례에 불과한 것으로 간주되고, 대다수의 민중들은 그런 재난적 상황으로부터 자신만의 피난처를 찾기 위한 개인적이면서도 고립된 자구책을 모색하는 일에 더욱 골몰하게 되는 것이다. 그러나 납득할 수 없는 경이의 형식으로 체험되는 공포와 무력에 포위된 민중들이 직면하게 되는 아노미적 혼란은 민중들의 잠재된 힘과 결속을 활력 있게 발현하는 것을 더욱 어렵게 하고 있다.

오늘의 배제되는 민중들이 명백한 고통으로 포위되고 배제되고 있으면서도, 체제로부터는 그 고통이 전혀 존재하지 않는 것으로 간주된다는 것은, 대다수 민중적 삶의 일반적 양태가 유령화되고 있음을 의미한다. 사실 우리가 거주하고 있는 삶의 영역 도처에는 유령화된 존재들이 넘실대고 있다. 도시에서 배제되고 추방되는 유령들뿐만 아니라, 4대강 막개발의 와중에 추방되는 유령들이 있고, 사회로의 연착륙을 봉쇄당한 거대한 집단의 청년 세대들이 유령으로 전락하고 있다.

인간만 유령화되는 것이 아니라, 구제역 파동 속에서 살처분되는 생명 일반이 '비용'의 차원으로 그 생명성이 탈색되어 비명도 없이 사라지고 있다.

실제로 이 거대한 인간 집단의 유령화의 이면에서 생명과 자연의 파괴는 거의 일상화되고 있다. 400만에 육박해가는 구제역으로 인한 가축의 재앙에 가까운 말살, 조류독감을 포함하여 창궐하는 동물 전염병의 예측 불가능한 진화, 기후 변화에 따른 자연생태계의 순환적 생태평형의 상실, 4대강 막개발이 초래할 것이 분명한 대재앙의 전조, 화석연료의 임박한 고갈과 이에 기반한 인간문명의 예측할 수 없는 미래 속에서, 유령화된 사람들의 수는 점점 더 늘어가고 있다. 실로 유령화는 오늘날 삶의 일반문법이 되고 있다.

유령에게도 감정이 있는가. 자못 기묘한 것은 최근 들어 빈번하게 벌어지는 생명의 죽음 앞에서, 유령화된 주체의 절규에 가까운 감정이 그것을 자신의 경험으로 인식해야 될 대다수의 민중들에게는 일종의 불감증의 영역으로 배제되고 있다는 사실이다. 사실 지난 한국사의 과정을 상기해본다고 해도, 우리들이 거기서 발견하게 되는 운동과 변혁, 더 나아가서는 혁명적 상상력과 실천의 촉발점은 학대받고 억압받고 있는 저 사람들이 바로 나와 동일한 인간이라는 집합적 감정이입과 공감력의 형성이었다. 프랑스 혁명의 자유, 평등, 박애라고 하는 표어에서의 평등과 박애는 유대감을 강력하게 환기시키는 개념이라는 사실은 두말할 필요가 없는 것이다.

4·19혁명을 촉발한 것은 직접적으로는 3·15부정선거였지만, 실상 그것을 단순한 운동에서 혁명으로 이월시킨 것은 부마사태에서의 김주열의 죽음에 대한 시민들의 집합적 감정이입 때문이었다. 패퇴하기만 했던 한국의 노동운동의 역사적 전환을 이끌어낸 것 역시 평화시장의 노동자 전태일의 분신이었고, 그것은 살아 있는 모든 사람들에게 그가 꿈꾸던 인간다운 삶의 존엄을 촉구하고 그것을 향해 싸우게 만들었다. 1980년대의 민주화를 일종의 집단적 존재전이와 대의에의 헌신으로 이끌어냈던 것의 기반에는 광주항쟁으로 상징되는 죄의식과 이것을 떨쳐버리려는 집합적 윤리가 개입해 있었다.

이 모든 가까운 과거의 사건들은 심층구조로서의 거대한 집합적 감정의 결속과 이것의 행동적 분출로서의 운동과 항쟁의 공동체를 만들어낸 셈인데, 기괴하게도 오늘의 현실 속에서 우리가 명백하게 직면하게 되는 자본과 공권력에 의한 죽음들 앞에서 대중들의 출렁이는 감정은 대항적 운동의 응결된 양식을 전혀 만들어내지 못하고 있다. 실로 현대적 감정의 일반구조는 냉담한 불감증으로 고착되고 있고, 이것은 대중적 미디어들을 통해 호들갑스럽게 조형화되고 있는 성애적 페티시즘의 기괴한 확대와 비례의 관계를 갖고 있다. 한

편에서는 정신분산적인 부분 감각들이 아노미적으로 뺑튀기되고, 이면에서는 타자에 대한 윤리에 해당하는 연대의 감각을 무력화하는 냉담함의 자기폐쇄적 성향체계가 상호작용하면서, 고강도 위험 사회의 처연한 생존법으로서의 무통無痛적 인간이 출현하게 되는 것이다.

마치 "모두 병들었는데 아무도 아프지 않았다"는 한 시인의 경구처럼, 그렇게 자기로도 타자로도 가닿을 수 없는 감정의 불모성은 인간을 감정 없는 사물의 양태로 전락시키며, 주체도 없고 타자도 없는 그리하여 '사회 없는 사물들'의 세계를 지구화하고 있는 것이다. 물론, 명백한 한계체험에 해당하는 '타인의 죽음'마저도 그것이 자기와는 완전히 무관한 에피소드적 서사의 일부에 불과한 것처럼 간주하는 그토록 음험한 살균된 세계를 구조화하고 있는 것은 신자유주의로 좀비화된 자본주의 자체다.

발터 벤야민이 「종교로서의 자본주의」에서 언급한 것처럼, 실상 자본주의의 생성과 변형이 오늘과 같이 극단화된 것은 화폐경제에 편입된 모든 사람들에게 그것이 일종의 세계종교로서의 성격을 대행하고 있기 때문이다. 종교가 장엄하게 기능할 수 있는 것은 '숨은 신'으로 은유화되듯, 초월적인 '신'의 본질이 완벽하게 은폐되어 있기 때문이고, 그러면 그럴수록, 은폐된 이 초월적 상징에 대한 신자들의 믿음이 더욱 필사적이 되기 때문이다. 필멸의 인간 존재에게 그 한계상황을 뛰어넘어 항구적인 힘과 신비를 보존할 수 있다고 믿게 하는 세속종교의 '숨은 신'은 당연히 화폐다. 이렇게 본다면, 오늘의 민중들은 구조적으로 화폐공동체의 광적인 신자이며, 화폐가 은폐하고 있는 텅 비어 있는 본질을 상대화하고, 이에 대한 집합적 감정이입을 회수하여 자신이 속해 있는 사회적 공동체로 투사하지 않는다면, 화폐경제가 초래하는 압제 속에서 끝없는 희생을 당할 수밖에 없는 것이다. 파괴의 컨베이어 벨트가 임박했음에도 그것을 알아차리지 못하고 희생자가 된다는 점에서, 그것은 형언할 수 없이 부조리해 보이는 희생이다.

*

용산참사는 국가권력과 자본 동맹이 이례적이고도 신속하게 무력적 진압을 자행한 국가 폭력에 해당한다. 사건의 경과를 차분히 생각해보면, 이 사건은 온갖 부조리로 가득 차 있다. 생존권에 대한 요구가 생명권의 박탈로 귀결되었다는 점에서 그렇고, 살려고 올라갔는데 죽어서 내려올 수밖에 없는 상황이 그렇다.

참사의 희생자들이 오히려 가해자로 내몰려 납득할 수 없는 수형생활을 지속해야 한다는 법원의 판결 역시 그러하다. 2008년 촛불항쟁 국면에서 광범위하게 결집했던 시민대중들이 바로 그 이듬해 벌어졌던 용산참사의 국면에서는 상대적으로 침묵했던 사실 역시 기묘하게 느껴진다.

엄밀하게 보자면, '촛불항쟁'의 근거가 된 '광우병 위험' 문제나 '용산참사'의 원인이었던 '생존권'의 문제 모두는 보편적 '생명권'과 관련된 사안이었다. 차이가 있다면, 도래할 위험의 특정·불특정의 문제였을 것이다. 광우병 문제가 불특정의 무차별성을 내포한 사태였다면, 대중적 차원에서 '용산참사'를 초래한 도심재개발이나 뉴타운을 포함한 도심개발의 문제는 '특정' 계층·계급의 이해관계의 문제로 축소되어 인식되었다.

물론 이러한 표상적 인식이 진실에 해당되는 것은 아니다. '도래할 파국'의 임박성에서 보자면, '용산'은 단지 희생자가 된 특정인들의 비극이 아니라, 시간차가 있긴 하겠으나 대다수의 한국인들이 직면하게 될 것이 분명한, 인위적이고 지속적인 파괴를 통해서만 간신히 유지되는 개발의 명백한 폭력성을 보여준다. '용산참사'는 명백하게 보이는 폭력이었지만, 대중들은 이 보이는 폭력 이면에서 작동했던 개발주의의 파괴적이면서도 비가시적인 폭력을 보지 못했거나, 선택적으로 혹은 보고 싶은 대로만 보고자 했다. 반면, 이른바 '광우병 사태'는 현재 국면에서 확인할 수 있는 가시적인 폭력이 아닌데도, 역설적으로 바로 그러한 무차별성 때문에 공포와 분노가 집단화될 수 있었던 것이다. 그것은 미래 편에서 오게 마련인 볼 수 없는 폭력이지만, 대중들은 그것을 명백히 실체화해 현재 편으로 끌어당겨 집단화된 저항을 실현시킬 수 있었다.

요컨대 용산참사와 촛불항쟁의 차이는 명백하게 보이는 폭력은 보이지 않게 되고, 보이지 않는 폭력은 더 생생하게 보이게 되는 아이러니에 근거한다. 그러나 명백한 사태의 진실은 이 양편의 폭력 모두가 너무나 거대한 문명의 파국과 관련되는, 전체로서의 명백한 구조적 폭력에 의존하고 있다는 사실이다. 물론 그것은 자본제 화폐경제의 말기적 작동 방식으로서의 신자유주의의 경향적 몰락이 초래하는 폭력이며, 이 폭력의 '전체성'에 대한 인식이 부재할 경우 점증하고 있는 다채로운 국가폭력의 동시적·비동시적 발현에 대한 민중들의 민주적 제어와 대항은 어려운 일이 된다.

이것은 단순히 대중들 혹은 민중들의 이해관계의 문제로 축소시켜 사고할 수 있는 문제가 아니다. 요컨대 중요한 것은 폭력을 '전체'의 수준에서 이해하고 감정이입하는 대신, 그것을 알 수 없는 사건들의 비동시적이고 부분적인 분출로 이해하는가의 차이이다. 폭력의 구조적인 진행과 발생의 사례를 자본주의 세계체제에 대한 총체적인 통찰로 연결시켜 사유하지 않는다면, 오늘날 한국 사회를 포함한 세계사적 변혁기에 벌어지고 있는 무수한 사건들은 각각의 민중들에게 알 수 없는 부조리로 강림한 비극적 숙명으로 인식될 확률이 높고, 이는 정신분산적인 공황장애와 유사한 혼돈 속에서 속수무책으로 자본의 파괴적 폭력에 휩쓸려 갈 수밖에 없음을 의미한다.

배제되는 인간은 동시에 기억이 말소되는 인간을 의미한다. 용산참사의 비극적 추방자가 되었던 분들에게 사건은 여전한 현재형의 악몽으로 기억되고 있지만, 일부 르포와 문예작품을 통한 증언의 기록 이외에 이 참사를 진실로 '대항기억'의 차원에서 집단화하는 일이 충분하다고는 할 수 없다. 비유적으로 말하면 용산참사는 태양의 흑점과도 유사한 기억의 공백 속에서 오늘의 민중들이 살아가고 있음을 강력히 환기하고 있는 사건이다.

이 부분에서 나는 왜 내가 지금까지 '민중'이라는 표현을 고수하고 있는가를 말할 필요가 있다고 생각한다. 이 글의 서두에서 나는 초기 산업화와 관련한 근대로의 이행이 설사 그것이 정치혁명의 구호를 내세우고 있다고 할지라도, 부르주아적 체제에 불과하다는 것을 암시한 바 있다. 근대적 공화정 체제, 자유 시장 자본주의, 의회를 경유하는 제도 민주주의 모두를 만들어낸 주체는 실상 상층 부르주아 계급이었고, 우리가 통상 시민적 주체로 말하고 있는 행동하는 주체로서의 시민 역시 부르주아 계급을 의미하는 것이었다.

초기 산업화 과정에서의 부르주아적 주체는 봉건제나 절대왕정 체제를 혁파한다는 점에서는 진보적인 혁명세력이지만, 농민과 노동자를 포함한 민중의 자율성에 대한 파괴에 기반하고 있다는 점에서는 수구적 성격을 갖고 있었다. 그러나 산업화가 진전되고 자본주의가 진화해감에 따라, 상향적으로 이동하는 민중들은 스스로를 부르주아적 주체로 감정이입하는 일이 집단화되었고, 부르주아 계급 역시 이들에 대한 헤게모니적 지배의 필요성 때문에 이러한 사태를 은근히 부추기기까지 했다.

그러나 오늘의 신자유주의 국면에서 부르주아 계급은 초기 산업화 과정에서 획득했던 이중적 정체성을 해소하는 일이 불가피할 뿐 아니라 필연적이라고 인식하고 있다. 중간계급이나 중산층으로 느슨하게 통합되었던, 소부르주아 이하의 계급들은 상향적 축적이 완전히 불가능해진 단계에서는 애초에 그들이 담당했던 희생양의 자리로 되돌아간다. 자본주의는 오직 축적을 위한 인간과 자연의 고혈을 짜는 희생을 요구하는데, 하층 민중계급들이야 이미 헐벗은 생명의 처지로 전락한 마당이기 때문에, 이제 말기 자본주의의 명백한 희생양의 역할을 담당해야 하는 것은 부르주아 계급 자신이고, 그랬을 때 이제 체제의 바깥으로 배제되어야 할 주체로 등장하는 것은 중간계급들인 것이다.

중간계급으로서의 소부르주아, 저널리즘에서 흔히 평범한 서민으로 간주하고 있는 주체들이 배제적 폭력에 고스란히 노출되고 있는 것은 이런 까닭이다.

명백한 것은 소유권의 자유에 기반하고 있는 자본주의는 애초에 이들 중간계급의 것이 아니었다는 점이다. 이들은 하향적으로도 상향적으로도 계급이동이 가능한 것처럼 보였다는 바로 그 사실 때문에, 파괴를 통해서만 성장했고 현재에 와서는 현상 유지조차 도모할 수 없는 구조적 위기에 처해 있는 체제의 희생양으로 등장하게 되었던 것이다. 이런 사태를 '가버린 소부르주아의 세계'라고 명명하는 것이 적당할지 모르겠다.

실상 오늘날의 소부르주아 계급은 완전히 뿌리 뽑힌 민중들과 별 차이가 없는 삶의 조건 속으로 빠져 들어가고 있다. '악마의 맷돌'에 빠져들고 분쇄되는 것은 시간차가 있을 뿐, 맷돌이 돌아가는 한 희생자는 순차적으로, 또 집단적으로 계속 등장할 수밖에 없는 것이다. 이러한 희생이 없는 한 자본주의는 축적과 성장이 불가능한데, 그렇게 본다면 국가와 자본 동맹의 핵심부를 제외한 대다수의 민중들이 체제의 생존을 위해 결과적으로는 파괴적인 자본의 토네이도에 휩쓸려 잔해로 전락하게 되리라는 것을 우리는 우울하게 예측할 수 있다.

문제는 자본의 토네이도에 순차적으로 휩쓸리고 있는 대중들이, 그것을 하나의 구조적 경향으로 인식하거나 예측하는 과정을 통해 집합적 힘을 결집시켜 대항하기보다는 개별적이고 파편적인 수준에서 수동적 대응을 하는 데 머물러 있다는 것이다. 사실 보이는 폭력으로서의 용산참사는 보이지 않는 폭력으로서의 청년들의 빈곤화와 매우 긴밀하게 연동되어 있다. 공장에서, 회사에서, 학교에서, 그리고 더 많은 일터와 삶의 장소에서 추방당하고 있는 모든 사람들은 그들의 정규직·비정규직화의 차이와 무관하게, 자본의 명백한 희생양으로, 교묘하게 순차적이며 동시다발적으로 호출되고 있음이 사태의 진실이다.

그러나 모든 개인들은 '살아남기 게임'에서 승리할 수 있다고 믿고 있거나, 그러한 믿음 대신 공포를 내면화해 '오래 살아남기 게임'에 불가항력적으로 골몰하고 있다. 그러나 게임의 룰을 지배하지도, 그것을 교정하지도 못하는 개별화된 주체들에게 체제에 대항하는 힘과 권능은 부재한다. 마치 모래시계의 시간이 아래로 흐르듯, 체제에 의해 애초에 배제되거나 앞으로 배제될 인간 모두는, 그들의 열망과 절망을 포함한 기억 모두를 삭제당하게 될 것이다. 배제당하는 인간은 동시에 기억이 말소된 존재이며, 이것은 일종의 사물이다. 이 사물은 부서진 잔해로 유령처럼 섬뜩한 현실의 대기를 장악하게 되지만, 살아남았다고 자부하는 자들의 눈에는 띄지 않을 뿐

만 아니라, 그것이 유령인 까닭에 감정이입이나 공감 능력을 발휘할
수 있는 대상도 아니다.

*

용산참사는 유령이 아닌데 유령화되고 있는 우리 시대 민중들의
임박한 파국적 경향의 전형으로 인식될 수 있다. 초기 산업화 당시
민중들은 기계에 대항하여 그들의 사람됨을 주장함으로써 집합적
감정과 힘을 보존할 수 있었다. 그런데 오늘날의 민중들은 그들 자
신의 유령화된 삶의 조건에 대항하여 사람됨을 주장하지만, 체제의
오랜 훈육 과정을 통해서 이미 격하된 사람됨의 진정성은 말끔하게
살균되고 있다. 이런 현실 속에서, 용산을 말한다는 것은 어떤 의미
인가. 나는 다음과 같은 세 가지 질문에 대해 우리들이 진지하게 숙
고하고 응답해야 한다고 생각한다.

첫째, 우리는 사람인가, 아닌가.

둘째, 우리는 유령인가, 아닌가.

셋째, 우리는 말할 수 있는가, 없는가.

이러한 물음에 정직하게 답하기 위해서 오늘의 민중과 지식인들
이 필사적으로 외쳐야 할 구호는 "사회를 보호하라!"는 것이다. 사회
의 자기보호 역능은, 가까스로, 그러나 난데없이 다시 사람들을 호
명할 것이라는 믿음이 북아프리카에서 서아시아까지, 이 끝나 보이
는 역사 속에서 여전히 현재형이라는 점은, 그래서 아름답다. 2011. 3.

2장

바보야,
문제는
사람이야

얼굴 없는 자본주의

신문을 들여다보면 마음이 캄캄해진다. 소리는 새어나오지 않지만, 간명한 보도기사의 이면에서 절규하는 인간들의 신음소리가 들려오기 때문이다. 보도기사의 어조는 건조하다. 죽음조차도 담백하게 기술하는 냉담한 언어를 자꾸 들여다보다 보면, 마음조차 냉담해지는 것 같다. 어제의 보도기사에는 증권시장이 공황 상태에 빠졌다는 내용이 있었다. 시장은 인간이 아닌데, 그것을 의인화해 '인격권'을 부여하고 있는 듯한 표현을 우리는 자주 듣는다. '경제를 살리자'는 말의 뉘앙스 역시 동일하다. '사람'에 대한 상상할 수 없는 모욕으로 가득한 이 시대에, 사람들 그 자신이 염려하는 것은 아이로니컬하게도 '경제'라는 유사 생물이다.

이에 반해, 사람에 대한 세상의 태도는 무슨 '소모품' 바라보듯 냉담하고 경멸적이다. 노동자의 대칭어는 '사용자'다. 그런데 사용자라는 이 용어 속에서 노동자의 '인격권'을 유추하는 것은 불가능하다. 이 용어는 물건이 시간이 지남에 따라 감가상각비를 증가시키면 폐기되듯, 노동자 역시 물건처럼 폐기될 수 있음을 암시하고 있다. 상식적으로 통용되는 경제용어의 싸늘한 언어체계에서 '인간의 얼굴'은 숨 쉴 곳이 없다. 한때 이 땅에는 '인간의 얼굴을 한 자본주의'라는 말이 유행한 바 있었지만, 물건 취급도 못 받는 오늘의 인간에게 '얼굴'이 있을 리 없다. '얼굴 없는 자본주의'는 야만이다. 인격에 대한 모욕을 당연시하는 추상적인 '경제'를 위해 인간은 어디까지 모욕을 감수해야 하는가.

신문에서 기륭전자의 해고노동자들이 극한 자기표현의 상징으로 농성장에 '관'을 올려보냈다는 기사를 본 적이 있다. 50여 일에 걸친 단식도 인간적인 한계를 뛰어넘는 것이지만, 목숨을 걸 만큼 절망적인 상황에 대한 분노로 등장한 이 '관'을 보면서 마음이 깜깜해졌다. 그런 사람들을 일컬어 세상은 '비정규직 노동자'라 말한다. 맞는 말처럼 보이지만, 그 말 속에는 이들의 인간으로서의 존엄과 인격권은 사라지고 없다. 그들은 비정규직 노동자이기 이전에, 우리와 똑같은 사람이고, 어머니이며, 여성이다. 눈에 뻔히 보이는 사람의 고통을 같은 사람들이 방관해서는 안 된다.

또 다른 기사를 보니, KTX 여승무원들이 복직투쟁의 절망적인 한 방법으로 30미터가 넘는 철탑에서 고공농성을 시작했다는 기사가 있었다. 이들 역시 사람들은 '비정규직 노동자'라고 말한다. 그러나 그들은 어느 어머니의 외동딸이고, 어느 남동생의 누이이고, 어느 애인들의 애인들이다.

그런데 비인격적인 기업이나 시장이 이들을 '대체 가능'하다고 하는 주장에 너나없이 동의하는 것이 체질화된 사회가 있다면, 이는 사실상 병적인 상황이다. 인터넷 게시판의 한 냉소적인 네티즌은 이들에 대한 기사의 댓글에서 이런 말을 적어놓고 있다. "기업의 존립 근거는 이윤 추구다. 이를 위해서는 당연히 사용자의 해고 자유가 존재해야 한다." 이 시대의 '얼굴 없는 자본주의'는 이것을 상식이라고 말한다.

왜 이 시대의 사람들은 사람을 위해 기업이 존재한다고 말하지 않는가. 왜 이 시대의 사람들은 시장, 국가, 기업보다 사람의 가치가 우선해야 한다는 말을 냉소하는가. 왜 이 시대의 사람들은 "바보야 문제는 사람이야"라고 말할 용기가 없는가. 마치 그리스 신화에 등장하는 피그말리온처럼 시장과 기업, 경제와 국가를 만든 것은 사람들 그 자신인데, 왜 사람들은 자신이 만든 발명품에 노예처럼 매몰되는 것을 당연시하는가.

사람을 업신여기고 소모품 취급하듯 함부로 대하는 뒤틀린 주장과 이데올로기가 파상적으로 권유되면서, 우리 시대의 사람들은 그 자신의 존엄한 인격이 압살당하고 있다. 중요한 것은 사람의 생존이고 침범당할 수 없는 인격과 존엄의 확장이다. 그래서 중요한 것은 경제성장이라는 추상이 아니다. 비록 지금보다 덜 부유한 사회가 되더라도, 사람으로서의 존엄과 인격, 행복과 희망이 존중받을 수 있는 사회가 좋은 미래다.

기륭전자와 KTX의 해고노동자들이 말하고자 하는 것은 간명하다. 어떻게 사람을 이리 모욕할 수 있는가. 2008.9.3.

그가 준 선물

  먼 곳에 있는 친구들로부터 연락이 온다. 일하는 기계도 아니건 만 동파된 파이프처럼 시간이 줄줄 샌다. 한 달에 한두 번은 가신 이를 문상하는 일상이건만, 살아 있는 그대들을 만나는 일이 왜 이리 빠듯한 것일까. 김광석의 '서른 즈음에'를 무슨 교가처럼 불러대던 시절이 있었는데, 벗들아 이젠 '낭만에 대하여'를 부르는 최백호의 고독을 알 것 같지 않으냐. 중력에 순응하는 지친 피부, 여위어가는 너의 머리카락은 피로한 중년에 맞춤한 은유이겠지.

  혜화역이었다. 다리를 절뚝이는 사내였다. 걷다 보면 풀어진 눈동자도 함께 흔들렸다. 때가 전 점퍼와 청바지였다. 구두 뒤축은 심하게 닳아 있었다. 악취가 코를 찔렀다. 그가 걸어오는 동선을 따라 홍해처럼 사람들이 갈라졌다. 어떤 이는 눈썹을 찡그리며 신경질적으로 휴대폰 덮개를 닫았다. 수은주가 매섭게 떨어져 작은 소음조차 쩍쩍 갈라졌다. 그때 나는 길게 담배 연기를 뿜어내고 있었다. 만나기로 한 벗은 도착하지 않았다.

사내가 온몸을 절뚝거리면서 내게 다가왔다. 피고 있던 담뱃불을 끄자 사내가 말했다. "담배 한 대만 얻을 수 있을까요?" 그는 혜화동에서 힘든 노숙생활을 하고 있었다. 노숙생활이라고 했지만, 내가 본 그의 모습은 지금은 사라진 혜화역 앞 벤치에 앉아 멍하니 하늘을 바라보는 것이 전부였다. 가끔 구걸한 음식을 비둘기들과 나눠 먹기도 했다. 따뜻한 날이면, 함부로 눕지 말라고 세로로 막대를 박아둔 마로니에 공원의 벤치에서 토막잠을 자기도 했다.

혜화역 계단을 분주하게 내려갈 때면, 얼굴을 무릎 사이에 박고 엉성한 드링크 상자를 내밀며 쓰러져 있는 장면도 자주 목격했다. 우연이겠지만 그와 나는 청량리역 방향으로 지하철을 같이 타기도 했다. 지금은 사라진 청량리역 광장에서 한 종교단체의 무료급식으로 끼니를 해결할 요량이었을 것이다. 그가 전철에 오르면, 객실의 승객들은 놀란 고양이들처럼 흩어졌다. 나는 그의 옆자리에 앉아 있었다. 차비가 없다고 해 천 원짜리 지폐 몇 장을 주었던 기억이 난다. 기묘한 일이지만 나는 시청 앞에서, 그리고 신촌역과 영등포역 앞에서 걷고 있는 그를 우연히 본 적도 있다. 그는 과장되게 커다란 배낭을 메고 있었다. 그는 어디로 가는 걸까.

나는 담뱃곽을 열고 담배 두 개비를 그에게 주었다. 아니, 세 개비를 주었던 것도 같다. 그때 흔들리던 그의 눈동자가 나를 향했다. 나는 그 고요한 침묵의 이유를 라이터의 부재 탓이라고 성급히 단정했다. 불을 붙여주려고 주머니에서 라이터를 꺼냈는데, 그때 동전 700원이 함께 나왔다. 그런데 침묵하고 있던 그가 망설이는 표정을 짓더니, 주머니에서 두 개의 라이터를 꺼냈다. 그러고는 그중의 하나를 나에게 건네면서 말했다. "이 라이터를 받아주세요. 제가 줄 것은 이것밖에 없습니다."

나는 가볍게 놀랐다. "또 필요한 것은 없습니까?" "천 원만 주실 수 없을까요. 배가 고픕니다." 왜 그랬는지는 모르지만, 나는 잠시 망설이다가 주머니에 있던 700원을 꺼내 그에게 주었다. "이것밖에 없군요." 그때 내 지갑 속에는 천 원짜리 지폐는 물론, 만 원짜리 지폐도 제법 두둑했다. 벗들과의 만남에 쓸 요량이었다.

얼마 후 그가 절뚝거리며 인파 속으로 사라졌다. 그가 사라지고 난 후, 나는 한동안 그가 준 라이터를 골똘히 바라보았다. 청테이프가 라이터의 허리에 돌돌 감겨져 있었다. 버릇처럼, 뒷주머니의 두툼한 가죽지갑도 만져보았다. 그러자 갑자기, 그의 얼굴이 떠오르면서, 자신이 심하게 부끄러워졌다. 2007. 11. 14.

청년 세대에게 '장미'를

대학진학률이 거의 90%에 육박하는 오늘의 현실을 고려하자면, 청년 세대의 문제는 곧 대학생들의 미래 전망의 문제라고 할 수 있다. 그러나 기성세대의 입장에서 우리가 미래 사회의 주역인 이들 청년들에게 얼마나 진심 어린 열정을 기울이고 있는가 하는 점을 생각해보면, 사실 의혹의 시선으로 자문해야 될 일이 한두 가지가 아니다.

오늘의 청년 세대들이 미래 전망을 꿈꾸기도 전에 절망에 직면하게 되는 구조는 물가상승률을 한참이나 앞지르고 있는 고비용의 등록금이다. 중산층에 속하는 부모라고 할지라도 자녀들의 대학학자금을 순조롭게 보충해주는 일은 결코 만만한 일이 아니다. 굳이 수도권의 대학에 진학하지 않는다고 해도, 주로 지역의 대도시에 있는 대학에 자녀들을 유학 보내는 학부모의 입장에서는 매 학기 대학등록금은 물론이고, 하숙비와 생활비를 마련하느라 그야말로 허리가 휠 정도의 경제적 부담을 감수하고 있는 것이다.

학생들의 입장에서도 학업에 전념해야 될 시간의 많은 부분을 각종 심야 아르바이트에 소진하는 경우가 많고, 그렇게 해도 등록금과 생활비를 마련할 엄두가 안 나기 때문에 학자금 대출을 받는 경우가 많다. 그러나 이조차도 예산 부족 때문에 필요한 학생들 대다수가 포기하는 경우가 많고, 설사 대출을 받는다고 해도 다달이 돌아오는 원금과 이자 상환에 대한 압박을 감당할 수 없어 졸업과 동시에 신용불량자로 전락하는 대학생들도 늘고 있는 것이다.

그러면서도 대학생들은 '스펙 경쟁'에 내몰려 있다. 중등교육 과정에서 사교육 시장에 휘둘렸던 이들의 청년기는 더 세분화된 사교육 시장과 어학연수 등을 포함한 높은 비용을 감수해야 한다. 물론 경제적 비용은 이변이 없는 한 학부모들에게 전가된다. 그렇다고 해서 이들 청년들이 부모 세대에 대한 감사의 표시를 하는 것은 아니다. 오늘의 한국 사회에서 유년기는 이십대가 끝나는 시점까지 지속된다는 것을 학생들 본인이나 학부모 모두가 암묵적으로 인정하고 있는 까닭이다.

문제는 그런 청년들의 사회로의 진입장벽이 턱없이 높다는 것이다. 이것은 청년에게는 말할 것도 없지만, 부모 세대에게도 오늘의 현실에 대한 분노와 절망을 깊게 한다. 사실 이 집단적인 분노와 절망을 제도적·정치적 해법을 통해서 해결해야 될 주체는 정치세력들이고, 유연화된 고용구조를 고수하면서 사상 최대의 자산소득을 얻어내고 있는 기업들인 것이다.

대학진학률이 90%에 육박하고 있다면, 이는 사실상의 '의무교육'

인 상황이다. 이런 사정이라면 정부는 '4대강'을 포함한 허다한 낭비성의 국책사업을 포기하고 그것을 고등교육 예산에 투입해, 세계적으로도 유례없는 고비용 등록금 구조를 해소해야 한다. 청년 세대역시 자신들이 처해 있는 극단화된 경쟁 상황을 둘러싸고 있는 한국 사회의 더 넓은 모순의 연관관계에 대해 자각하고, 이것의 집단적인 해결을 위한 행동에 나서야 한다. 막대한 등록금 수입과 재단전입금, 그리고 학교발전기금의 모금을 통해서 '교육사업'에 골몰하고 있는 대학들도 학생들에게 교육비용을 재분배해야 한다.

그러나 모두가 진실을 알고 있으면서도, 누구도 이 구조적 문제의해결, 주체가 자신임을 자각하지 못하고 있다. 특히 청년 세대들이처해 있는 경쟁 이데올로기와 승리주의에 기반한 개인주의의 강화는 교육의 공공성이라는 명제 대신에 거꾸로 우승열패의 낡은 세계관을 자연화한 진리로 수용하게 만드는 암담한 조건이 되고 있다.

사실 이 부분에서는 대학의 교원들 역시 책임을 면치 못한다. 대학교수들은 '학술연구주의'라는 무한 경쟁 시스템을 당연시하고 수수방관하고 있다. '연구'가 '교육'을 압도한 결과 학생들은 '삶의 의미'에 대한 근원적인 질문을 선생들에게서 찾지 못한다. 다른 모든 분야가 경쟁주의에 편승한다고 해도, 대학의 인문학부와 교양과정은 '삶의 의미'를 둘러싼 세계의 전체적인 연관에 대한 감정교육과 비판적 사고에 주력해야 한다. 그러나 대학개혁은 이조차도 부숴버렸다.

하지만 뜻있는 대학의 선생들이라면 '무학점 강의'를 통해서라도 절망하고 있는 청년 세대와 만나 '빵'만큼 중요한 '장미'의 아름다움에 대해 역설해야 한다. 대학에서조차 '삶의 의미'를 묻지 않는다면, 청년들은 계속 절망할 것이다. 2009. 11. 11.

밤길의 사람들

상념이 깊어질 때면 발걸음은 느려졌고, 집으로 돌아오는 길은 일부러 먼 우회로를 선택하곤 했다. 이십대의 한 시절에는 막 도착한 집의 대문 앞에서, 뜰에 핀 목련꽃을 처연히 바라보다가, 봄밤의 거리로 다시 발걸음을 되돌리기도 했다. 문 앞에서 나는 무얼 그리 망설였던가.

명동성당 층계를 느린 보폭으로 오르내렸다. 성당 안으로 들어가 기도하고자 했으나, 늦은 밤 성당의 문은 잠겨 있었다. 그래서 기도하듯 층계를 오르내린 것이다. 수위실의 아저씨가 궁금한 듯 목을 길게 빼고 의혹의 눈길을 던졌다. 그런 심야에는 예수조차도 성당을 방문하는 것은 삼갈 일처럼 느껴졌다.

청계천 쪽을 향해 발걸음을 옮겼다. 늦은 밤인지라 물소리가 제법 청아하게 들렸는데, 사람들은 거의 보이지 않았다. 다만 운동복을 입은 한 사내가 땀을 흘리며 청계천을 달리고 있었다. 같은 시간에 대다수의 도시인들은 헬스클럽의 러닝머신 위를 달리고 있을 것이다. 유산소 운동이라고 하던데, 빌딩 안의 공기는 안녕한지 궁금하다.

　길가 포장마차에 들어갔다. 우동을 한 그릇 시켜 먹는데, 옆 자리가 방자하게 시끄럽다. 벌건 얼굴의 세 남자가 흐트러진 넥타이 차림으로 소주를 마시고 있었다. "그 자식은 내 선배도 아니다. 어떻게 나를 이다지도 무시할 수 있나." 귀가 열려 있어 들으니, 같은 회사의 동문 선배인 이사가 자신에게는 밥 한 번 사주지 않더라는 것. 직장생활의 복마전 속에서 학연과 지연은 훌륭한 안전판인데, 자신은 기대할 것이 없더라는 이야기였다.

　포장마차를 나와 광교 쪽으로 걷는데 섬뜩한 통곡소리가 들려왔다. 역시 넥타이를 맨 중년의 한 사내가 무릎 사이로 고개를 처박은 채 통곡하고 있었다. 앞머리가 벗겨진 다른 중년의 사내가 안타까운 표정으로 사내의 울음을 거의 껴안듯이 달래고 있었다. 비정한 도시의 빌딩 숲에는 중년의 사내만 울고 있는 게 아니었다.

　몇 걸음 더 나아가니 단정하게 투피스를 입은 한 젊은 여성이 '철퍼덕'이라는 표현이 어울릴 것처럼 길바닥에 두 다리를 쭉 뻗은 채 허공을 바라보고 있었다. 힘없이 어깨에 걸쳐진 핸드백도 함께 허공을 바라보고 있었다. 멍했다. 슬픔에도 이른바 '안전거리'라는 것이 있는 듯. 사람들은 흘끗 쳐다보다가는 고개를 숙이고 제 갈 길로 성급히 발걸음을 옮겼다.

　그 옆 차도에서는 한 성난 젊은이가 달리는 택시를 위태롭게 몸으로 막아, 운전기사와 싸움을 벌이고 있었다. 이 청년 역시 다소 취한 상태였는데, 단거리의 취객을 태우지 않는 택시 기사에 대한 분노를 그렇게 표출하고 있는 것이다. 취한 욕설이 거품을 일으키며 사방으로 뿜어져 나왔다. 아이로니컬하게도 그때서야 갑자기 많은 택시들이 모여들기 시작했다.

택시를 타고 집으로 돌아오면서, 나는 밤길의 사람들을 생각했다. 명랑한 태양이 떠오르면, 울고 있던 중년 사내는 중후한 표정으로 부하 직원들의 결재 서류에 사인을 하고 있을 것이다. 선배를 규탄했던 그 사내는 이사님 안녕하십니까, 하고 자신이 후배 사원이라는 암시의 눈도장을 계속 찍을 것이다. '철퍼덕' 거리에 앉아 있던 한 여성은 세탁소에 옷을 맡기며, 지난밤의 기억을 지우고자 애쓸 것이다. 택시 기사와 싸웠던 그 청년은 숙취와 함께 파출소에서의 아침이라는 난감함에 직면할 것이다.

밤길의 사람들은 왜 슬픈가. 그 슬픔은 비정한 도시가 흘리는 눈물처럼 보인다. 산다는 일은 왜 자주 굴욕적인가. 야, 한국 사회. 너 한번 대답해봐라. 밤길의 사람들은 그렇게 이완된 밤의 슬픔 속에서 묻고 있다. 2007. 4. 18.

김수영과
아기공룡 둘리

칠순인 아버지와 추어탕을 먹었다. 케이크에 초를 꽂고 불을 사르
니, 손자 녀석이 잽싸게 입김을 불었다. 가가소소, 웃다가 익숙한 동
네 길을 걸었다. 고향인 도봉구 쌍문동에서 나는 37년을 살았다. 서
울도 고향이냐 비웃는 친구들에게, 그럼 목련나무의 등걸을 쓰다듬
으면서 울고 웃던 내 삶은 유령인가 반문하고 싶었다.

아침에는 아우와 함께 김수영문학관에 들렀다. 개관한 지 얼마
안 되고, 또 일요일 오전이었으므로 방문객은 우리 둘뿐이었다. 문
학관이 개관한다고 했을 때, 나는 반갑고 또 의아했다. 한국문학사
의 '거대한 뿌리'인 김수영 시인을 기리는 시설이 만들어졌다는 점
은 반가웠지만, 왜 설립 주체가 대한민국도 서울특별시도 아닌 도봉
구인가 하는 점 때문이었다.

그러나 이곳을 방문해 보니, 기초자치단체임에도 '불구하고'가 아
니라 기초자치단체이기 '때문에' 의미 있다는 생각이 들었다. 마을
속에 고즈넉하게 깃들여 있는 문학관의 방명록을 보니, 이제 막 말

을 배우기 시작한 유치원생부터 인근 경로당의 어르신들까지, 김수영 시인의 본가가 이곳이었다고, 하는 놀람과 자부심의 말들이 적혀 있었다.

애국심을 윽박지르는 사람들이 요즘 늘고 있다. 그런 추상보다는 자기가 나고 자란 마을을 아끼는 마음이 더 소중한 가치임을 상기시키고 싶다. 김수영에게 나라가 잘린 현실 속에서의 애국심은 경멸받아 마땅했다. 그는 서울사람인 동시에 세계인이었고, 북으로 간 김병욱과 같은 동무를 그리워해 슬퍼할 줄 알았던 눈물 많은 시인이었다.

반면, 아들에게 쌍문동은 아기공룡 둘리의 고향으로 기억된다. 본가에 갈 때마다 이 어린이는 "아빠, 할아버지 집에 가면 둘리 볼 수 있어?" 하고 설레어한다. "고럼, 고길동 아저씨도 볼 수 있다!" 하고 나는 으스대지만, 한 번도 약속을 지켜본 적은 없다. 그런데 김수영문학관의 리플릿을 보니 머지않아 이곳에 '둘리뮤지엄'이 생긴다고 적혀 있다. 부천시민들에게는 미안하지만, 이제야 둘리는 자신의 고향으로 돌아왔구나 하고 반가워했다. 물론 둘리의 진짜 고향은 남극이다. 그가 빙하를 따라 어떻게 쌍문동까지 흘러왔는지는 미스터리이지만, 그런 식이라면 외계에서 온 또치나 가수를 꿈꾸는 아프리카 출신 마이콜이나 고향이 쌍문동이라는 말도 이상하다.

내 감수성의 원형은 김수영에게서, 유머감각의 토대는 둘리에게서 왔다. 대학 시절, '근로자'가 아니라 '노동자'라는 말을 처음 배운 것은 『전태일 평전』에서였는데, 그의 서울 본가는 지금도 내 본가의 지척에 있다. 생계를 감당하기 위해 복덕방을 했던 어머니가 고 이소선 여사나 작고한 김근태 의원의 부동산 거래를 우연히 중개하기도 했는데, 생업이었으므로 그게 뭐 특별한 것은 아니었다.

도봉구는 서울의 자치구 가운데서도 재정자립도가 가장 낮은 곳 중 하나다. 그러나 이곳에는 돈으로는 환산할 수 없는 역사와 문화가 있다. 함석헌, 계훈제, 홍명희, 염상섭, 정인보, 전형필, 송진우, 김병조, 천상병, 오윤 등 걸출한 근현대사의 인물들이 풀뿌리 민중들과 함께 이곳에서 역사와 기억을 만들어왔다.

물론 나는 이런 사실을 최근에야 알았다. 왜 그랬을까? '미친 모더니티'라고 표현해야 마땅할 한국의 근대화는 마을의 기억을 덮으면서 국가, 반공, 성장, 출세, 부자의 속도전으로 사람들을 윽박지르고 또 홀려왔기 때문이다.

김수영과 아기공룡 둘리를 생각하니, 옛 모습이 사라진 이 마을에도 땀과 눈물이 있었다는 것을 알겠다. 동지가 지나더니, 목련나무도 잎눈이 제법 부드러워졌다. 2014. 1. 20.

여기
사람이 있다

지난해 12월 24일 소설가 유채림 씨는 용산참사 현장에서 미사를 드리고 있었다. 재개발의 와중에 철거민이 되었고, 또 공권력의 폭력적인 진압의 와중에 죽임을 당한 도시의 영세 자영업자들과 이들의 슬픔에 공명했던 작가들은 절규 속에서 "여기 사람이 있다"라고 외쳤다.

이 외침은 역설적인 것이었다. 사람이되 사람됨의 존중을 받지 못했던 사람들의 절규가 "여기 사람이 있다"라는 말을 낳았다. 이 외침 속에는 사람이되 사람이 아닌 침묵 속의 사물로 격하되는 현실에 대한 항의와 사람이되 보이지 않는 유령으로 간주되는 현실에 대한 심각한 위기의식이 내포되어 있었다. 삶의 장소로부터 뿌리 뽑히게 되면 삶의 근거를 잃게 된다는 사실에 대한 확인이 그러한 시어에 가까운 구호를 낳았다.

삶의 전면적인 비인간화와 인간의 유령화는 산업화가 시작된 이후 전 지구적으로 확산되고 있다. 산업화의 초기 이러한 비극이 강림한 장소는 농촌이었고, 더 이상 농민이기를 기대할 수 없는 사람들이 도시로 몰려와 저임금 노동자가 되었다. 거래의 대상이 될 수 없었던 땅과 인간과 화폐가 상품으로 전락하게 되면서, 차라리 모든 인간은 잠재적 유령으로 전락할 위험에 처했다.

자영업자가 삶의 장소에서 추방되고, 임금노동자가 직장에서 퇴출되고, 헐벗은 채 거리를 유랑하고 있는 노숙자들이 도시에서 미끄럽게 추방되어 시설에 격리되는 일은 결코 예외 상황이 아니다. 명백한 진실은 산업화와 자본주의가 정상적으로 작동하면 할수록, 아니 정상 작동의 근거가 이렇게 비인非人과 유령의 대량생산의 비정한 승자독식의 현실을 낳고 있다는 점이다.

그러나 최후의 승자조차도 사실은 인간이 아니라 자본이고, 그런 점에서 단지 비정하다고만 말할 수 없는 비극적인 인간 조건은 이제 사물화의 마지막 완성 단계를 향해가고 있다고 판단된다. 그러므로 "여기 사람이 있다"고 외치는 작가들의 전언은 단순히 이 비극을 멈추라는 요구에 그치는 것이 아니고, 이러한 사물화 체제에 대한 온몸으로의 저항에 해당하는 것이었다.

우리는 난민을 정치적 주권의 부재에서 비롯된 헐벗음의 상태로의 전락이라고 생각하지만, 산업화의 악몽에서 확인할 수 있는 냉정한 진실은 오늘의 인간 모두가 난민이 되어가고 있다는 사실이다. 오늘날 여러 가지 원인으로 삶의 장소에서 뿌리 뽑히거나 추방되는 많은 사람들은 그들이 자각하고 있지 못할지라도 실상은 난민화의 거대한 체제의 톱니바퀴처럼 기능하고 있다. 이것은 단지 경제난민을 의미하는 것이 아니라, 인간됨의 가장 기초적 토대가 붕괴되는 것과 동시에 일련의 모욕적 폭력에 가감 없이 노출된다는 점에서 난민이라고 말하는 것이다.

작가는 이런 난민적 상황에 대한 증언과 항의뿐만 아니라, 그것이 시작되기 전 역사상 유구했던 인간공동체의 연대와 협동, 우애와 상호의존의 상상력을 상기하게 만드는 존재이다. 동시에 그는 현실의 잡다한 세부에 대한 관찰을 통해서 명백한 진실을 통찰하는 임무를 띠고 있다. 아우슈비츠는 단지 폴란드에만 있었던 것은 아니다. 우리의 삶을 관통해오는 보이지 않는 아우슈비츠는 도처에 있다. 체제에 의한 학살의 비극은 광주에만 있었던 것이 아니다. 우리들의 감각과 지각기능을 불감증의 상태로 전락시키는 일상적이면서도 은폐된 학살은 포클레인에 의해 무너지고 있는 잿더미 안에 이미 강림해 있는 것이다.

작가는 이 은폐된 비극을 밝은 태양 아래 드러내는 자이고 그것을 명명하는 자이다. 그런데 아이로니컬하게도 소설가 유채림 씨는 그 자신이 그런 비극의 주인공이 되어야 했다. 용산에서 미사를 드리고 있던 바로 그 순간에 생계를 위해 아내가 운영하던 칼국수 집 '두리반'의 집기들이 용역들에 의해 내던져지고, 건물주와 개발회사의 계약에 의해 그는 맨몸뚱이로 추방될 처지에 놓이게 된 것이다.

추방된 타자들에 대한 공감과 현실의 모순에 대한 지극한 통찰을 본연의 소설 쓰기의 의미로 간주했던 작가가 삶의 장소로부터 추방된 사건은 우리에게 이런 질문을 던지게 만든다. 타자의 비극적 삶이 자신의 한계상황이 되었을 때, 작가는 말할 수 있는가. 이십여 일이 넘는 철야농성을 진행하면서, 소설가 유채림 씨는 그런 고민에 빠져 있다. 여기도 사람이 있다. 2010. 1. 18.

"가난한 내가/ 아름다운 나타샤를 사랑해서/ 오늘 밤은 푹푹 눈이 나린다." 시인 백석의 절창인 「나와 나타샤와 흰 당나귀」의 도입부다. 이 시를 읽다 보면, 왠지 모르게 가슴이 뻐근해지곤 했다. 특히 '가난한 나'의 사랑 노래가 마음에 물기를 돋게 했다.

"심령이 가난한 자는 복이 있나니, 천국이 저희 것임이오." 유년 시절, 신약성서의 이 구절을 읽으면서 '가난'과 '천국'의 관계에 대해 골똘히 생각해보곤 했다. 알쏭달쏭했다.

"가난이야 한낱 남루에 지나지 않는다/ (······)/ 우리들의 타고난 살결 타고난 마음씨까지야 다 가릴 수 있으랴" 서정주의 「무등을 보며」라는 시의 일부다. 삶의 남루에도 불구하고 인간됨의 위엄은 훼손될 수 없다는 메시지가 자못 울림이 있다. "왕후의 밥, 걸인의 찬"이라는 구절이 인상적이었던 김소운의 수필 「가난한 날의 행복」도, 가난에 대한 꽤 낭만적인 헌사에 바쳐진 듯했다.

그러나 산 체험으로서의 가난은 사실 혹독하다. 가치나 지향이 사라진 가난의 혹독함은, 그 상황에서 벗어날 수 없는 사람들에게 절규와 함께 강림한 비극이다. 가난에 단련될 수 없는 구체적인 인생들에게 가난에 대한 성찰적 물음은 죄다 '개똥철학'에 불과하다. 게다가 '돈' 본위의 사회가 되어버린 오늘날, 가난은 '무능의 증거'로 규탄된다. '부자 아빠'가 노골적으로 예찬되는 세계에서 가난한 나의 사랑, 행복, 타고난 마음씨는 물론이고, 천국 따위는 도대체가 낯선 은하계인 것이다. 설화 속의 흥부가 다시 태어난다면, 그와 놀부 사이에서 갈등했던 '제비'는 오늘날 어떤 표정을 지었을까.

가난은 신자유주의라는 지배적 시스템의 측면에서도 규탄되지만, 그것의 모순을 지양하려는 대안적 시스템에서도 곧잘 '제거'의 대상으로 떠오르곤 한다. '민중의 수사학'으로 무장된 일부 진보적 지식인들조차 '가난'을 악의 상징으로 규정하는 일을 우리는 드물지 않게 볼 수 있다. 그렇다면, 가난의 반대편에 있는 '부'야말로 '선'이라는 이야기인데, 이러한 관점은 가치론적으로 보자면 결코 올바른 시각이 아니다.

우리는 '가난'과 '부'의 문제를 물질적 차원에서 보는 일과 가치론적 차원에서 보는 일, 그리고 공동체의 차원에서 바라보는 시각을 잘 구분해야 한다. 대원칙은 '가난'과 '부'가 그 자체로 옹호되거나 규탄되어야 할 상황을 의미하지는 않는다는 사실이다. 가난과 부, 그 자체를 양극화해 규탄하거나 옹호하는 시각은 오히려 초점이 빗나간 논의를 이끌어내기 쉽다. 부자 아빠를 예찬하면서 가난한 아빠에 대해 무능의 딱지를 씌우거나, 부자 아빠들의 정체야말로 가난한 아빠에 대한 착취에 기반하고 있다는 시각은 선동적인 효과를 낳을 수 있는 주장이지만, 이는 물질적 양극화 못지않은 인식론적 편견을 불필요하게 확대재생산한다.

가난과 부의 가치평가 문제에서 중요한 사항은 '경쟁조건의 평등성'과 이에 따른 '분배구조의 형평성', 개별적 필요를 과잉 초과하는 부의 사회환원을 통한 사회구성원 공통의 이익과 복지 증진의 문제이다. 이러한 사실과 함께, 가치론적 차원에서 '가난의 철학'을 정립하려는 노력에 대해서도 우리는 좀 더 섬세해지고 성숙해져야 한다. '자발적 가난'에 대한 지식인의 담론이 자주 공허한 지적 허위의식으로 전락하는 것이 사실이지만, 이와 무관하게 비움을 통해 삶을 채울 수 있다는 사색은 인간들이 지속해왔던 오래된 성찰의 진실이기 때문이다. 2006. 2. 1.

사내는 잿빛 점퍼를 입고 있었다. 머릿결은 오랜 노숙생활 탓으로 기름때에 엉겨 있었고, 눈빛은 흐렸으며 목소리는 낮고 주눅 들어 있는 것처럼 느껴졌다. 나는 등을 돌린 채로 늦은 저녁을 먹고 있었다. 김치찌개였다. 젓갈이 들어가지 않은 숙성된 김치에, 돼지목살이 양껏 얹어져 있었다. 가스 불을 켜자 김치와 돼지목살이 서로의 몸을 끌어당기면서, 기어이 웅숭깊은 맛이 배어나왔다. 저녁의 허기진 위장 안으로, 밥과 국과 한 잔의 술이 밀고 들어왔다.

"혹시 남는 김치 좀 얻을 수 있을까요?"

무슨 일일까. 숟가락을 든 채로 숙였던 고개를 돌렸다. 초라한 행색의 중년남자가 주인에게 김치를 구걸하고 있었다. 거절당했는가, 더 이상 사내의 목소리가 들리지 않았다. 식당 안에는 잠시 어색한 침묵이 흘렀는데, 그때 맞은편에서 밥을 먹고 있던 한 여자가 식당 문을 열고 뛰어나갔다. 혼잣말처럼 김치 한 쪽의 인심도 없는 건가, 했던 여자였다. 다시 들어온 여자는 제 식탁 위의 김치를 포장한 후,

198

계란말이와 소주 한 병을 주문했고, 그것을 들고 다시 문밖으로 나갔다. 문밖에는 거절당한 사내가 서 있었다.

그 순간까지도 '김치와 돼지목살이 서로의 몸을 끌어당기며' 운운하는 글을 쓰고 있는 이 나는 허겁지겁 밥을 먹고 있었는데, 거리로 나오자 갑자기 심한 부끄러움이 밀려왔다. 한 사내는 음식예찬을 하며 등을 돌리고 앉아 있을 때, 다른 한 사내는 김치를 구걸하고 있고, 또 한 여자는 구걸하는 사내에게 제 몫일 음식을 내주고 있는 풍경. 늦은 저녁 광화문의 한 식당에서 겪었던 작은 사건이지만, 그 밤 내내, 나는 어떤 부끄러움 때문에 목울대가 실룩거렸고, 비계 기름으로 맞춤하게 덮여 있을 위장 속으로 소주를 부어댔다.

연민에 대해서 말하고자 하는 것은 아니다. 물론 연민은 사람의 가장 낮은 수준의 고귀함이라는 것을 나는 인정한다. 그러나 그 밤의 사소한 사건 속에서 내가 생각한 것은 사람됨의 존엄이라는 것이었다. 우리가 거의 무의식적으로 고통과 슬픔에 빠진 사람을 돕겠다고 나서는 것은, 고통에 빠진 자를 돕는 일이 같은 인간으로서의 존엄이라는 사실을 알기 때문이다. 그러나 한 끼 밥의 존엄은 존엄대로 인정하면서도, 우리는 좀 더 고양된 존엄에 대해서도 생각해야 한다.

성프랜시스대학이라고 들어보셨는지 모르겠다. 8개월 과정으로 노숙인들에게 인문학을 가르치는 교육과정이다. 이 대학에서 강의를 하고 있는 한 선배 문인을 통해 그런 학교가 있는지를 처음 알았다. 성공회 산하 '노숙인 다시 서기 센터'와 삼성코닝의 후원으로 현재도 약 20여 명의 노숙인들이 철학·역사·문학·예술·글쓰기를 배우고 있다. 노숙인들에게 인문학이라니, 하실 분도 있겠지만, 그 교육의 수준과 학생들의 앎에 대한 열정은 드높다고 한다. 최근에 출간된 얼 쇼리스의 『희망의 인문학』이라는 책을 읽다 보니, 미국에서 시작된 클레멘트 인문학 코스와 그것은 유사해 보였다.

왜 노숙인들에게 인문학을 가르치는가. 사회적 약자이자 체제에서 배제된 이들은, 다만 밥에 굶주려 있는 것만이 아니라 지극한 존재감의 결핍에도 빠져 있다. 인문학은 그 결핍된 존재감을 자기에의 배려와 긍정으로 끌어올리는 에스컬레이터 역할을 한다. 노숙인들은 인문학을 통해 사람들과 어울리는 행위가 고립된 세계에서 '공적 세계'로 귀환하는 기능을 한다는 것을 깨닫는다. 성프랜시스대학을 수료한 노숙인들은 희망 속에서 다시 공적 세계로 귀환할 준비를 하고 있다. 배고픔의 더 높은 단계까지를 생각함으로써 사람의 존엄은 완성된다. 2007. 1. 3.

거리로 내몰린 기자들

칼럼을 쓰다 보면, 간혹 엉뚱한 제안이 들어오기도 한다. 글을 참 잘 읽었다. 꼭 만나서 글에 대해 이야기하고 싶다…… 독자의 전화에 감사를 표하기는 하지만, 만나는 일은 피하는 편이다. 그런데 어느 날은 거절을 못 했다. 수시로 오는 전화를 감당하지 못한 것도 있고, 그런 독자의 진심을 거절하는 것도 예의가 아니라고 생각했기 때문이다. 그러나 만남의 결과는 역시 괴로운 일이었다.

그 독자는 나에게 대필을 요구했다. 유력한 정치계 인사를 알고 있다는 말이 나오고, 자신 역시 정치적 야망이 있는데, 책을 내고 싶다는 것이다. 정치 홍보를 위한 사전 정지 작업일 것이다. 사례도 충분히 하겠다는 말이 곁들여졌다. 내 마음속에서 미세한 기포가 점점 커지더니, 참을 수 없을 지경으로 들끓어 올랐다. 편히 내려가시라며 벌떡 일어섰다. 문사의 자존도 한심했던 오후였다.

침묵해야 할 때가 있고, 역경에 처할 것이 예상되는데도 발언해야 할 때가 있다. 그것이 사적인 이해관계에 속한 것이 아니라, 공적인 의제들과 관련된 것이고 또 '약자의 아가리'를 대신 열어주는 것이라면, 우리는 함께 발언해야 한다. 근대 이후 그 발언의 몫을 짊어진 것은 문인과 기자들이었다. 문학과 언론은 커뮤니케이션 미디어이자 시민적 의사 개진이 활발하게 전개되는 공론장이었다.

그래서 문학과 언론은 함께 검열당하거나 억압당했지만, 도리어이에 저항하고 자유를 실천했다. 민족문학작가회의의 전신인 자유실천문인협의회가 가장 중요시했던 것의 하나가 언론자유였다. 그런데 오늘의 문학이 사소해진 것처럼, 오늘의 언론은 무력해져가고있다. 정치권력으로부터의 억압이 사라지자, 날것의 자본이 기자들의 일용할 양식을 저당 잡아, 그들의 펜촉을 무디게 하고 있다. 공론장이 붕괴되고 있는 것이다.

힘센 언론사는 외눈박이처럼, 힘 있는 자가 보라는 대로 보고 있다. 반면 두 눈의 균형감각을 잃지 않겠다는 기자들은 거리로 내몰려 있다. 내몰려 본 자는 안다. 그 황량한 무력감과 들끓는 분노와어이없음과 수시로 떠오르는 회한들을. 정치적 올바름과 윤리적 정당성과는 무관하게 역시 한 세상이 돌고 또 돌아가고 있을지도 모른다는 가정의 실현. 모난 돌이 정 맞는다거나 절이 싫으면 중이 떠나야 한다는 패배주의적이면서도 냉소적인 처세 담화의 절정을. 절이 아니라 주지가 문제인데, 외눈박이의 눈은 주지를 보지 않는다.

『시사저널』 기자들이 거리로 내몰렸다.『시민의 신문』 기자들 역시 거리에 서 있다. 그들은 모두 한국 사회의 뾰족한 모순에 대한 문제 제기를 한 기자들이다. 동시에 그들은 모두 역경이 예상되는데도 문제 제기를 해야 했던, 약소자들의 아가리를 열어주었던 기자들이다. 그런데 그런 그들 자신이 사회적 문제가 되었다.

성숙한 시민사회라면 문제 제기에서 그치지 않고 문제 해결 능력을 보여주어야 한다. 그것이 시민사회의 존재근거다. 내가 특히 안타깝게 생각하는 것은 『시민의 신문』 사태를 둘러싼 시민운동 진영의 직무태만이다. 이 신문은 시민단체 공동신문이라고 알고 있다. 그런데 이 신문의 저명한 이사들, 시민운동의 리더들조차 문제 해결 능력을 전혀 보여주지 않고 있다.

내부적 문제라고 해서 문제의 핵심을 회피하거나 서둘러 꿰매는 것은 윤리적 태도가 아니다. 성숙한 시민운동은 문제의식의 치열함을 문제 해결의 현명함과 결합시켜야 한다. 『시민의 신문』 사태는 이 문제 해결 능력을 시험하는 리트머스 시험지다. 상처를 방치하여 썩게 하지 말고, 과감하게 도려내서 새살 돋게 해야 한다. 2007. 2. 14.

　서울의 창천동 부근에는 이랜드 본사가 있다. 이 본사 건물이 위치해 있는 사거리 도로 중앙에는 교통감시용 철제탑이 아슬아슬하게 세워져 있다. 그런데 이 철제탑의 꼭대기, 채 한 평이 안 되는 난간에서는 이랜드·뉴코아 그룹에서 해고된 비정규직 노동자 한 사람이 벌써 보름 넘게 고공시위를 벌이고 있다. 손을 뻗어도, 발을 뻗어도 닿을 수 없는 허공만이 전부인 그곳에서 생존권 투쟁은 계속되고 있다.

　최근에는 일산에서 떡볶이와 순대 등을 팔며 어렵게 노점을 운영하던 한 노점상이 자살했다. 관할 행정 당국이 이른바 '거리 정화'라는 명목으로 일산 내 노점상을 집중 단속하는 가운데 일어난 사건이다. 월급쟁이 관료들에게는 노점상이 거리 미관을 해치는 '정화'의 대상이겠지만, 대다수의 노점상들에게는 필사적인 '생존'의 유일한 근거였기에, 그 죽음은 생존의 근거를 파괴하는 공권력에 대한 필사적인 분노의 표현이었을 것이다. 얼마 전에는 증권시장의 전산

업무를 전담하고 있는 코스콤의 비정규직 노동자가 정규직 전환을 요구하면서 여의도의 코스콤 본사 사장실을 점거했다. 그들은 정규직과 동일한 노동을 해왔지만, 회사 당국은 그들이 도급·하청 업체의 직원에 불과하기 때문에 노사협상이란 있을 수 없다고 주장했다. 사장실을 점거했던 이들은 회사 측이 동원한 용역직원과 경찰들에 의해 해산된 후, 경찰서에서 조사를 받고 있다.

이것이 단지 비정규직 노동자와 노점상의 문제로 한정되는 것이 아니고, 이른바 '지식인'으로 간주되는 고학력 계층에서도 동일하게 나타나고 있는 현상이라는 점에 주목해야 한다. 최근 통합신당 소속 모 국회의원 사무실에서는 시간강사의 교원 지위 확보를 주장하며 철야농성을 하던 비정규직 교수 2명이 경찰에 의해 연행되는 사건이 벌어졌다. 법률상으로 '일용잡급'직으로 규정되어, 교원으로서의 권리를 인정받지 못한 것은 물론 평균 80여만 원에 불과한 강사료를 받아왔던 '박사 빈곤층'의 문제가 사회적 수면 위로 올라온 사건이었다.

오늘날 한국 사회를 살아가고 있는 많은 사람들이 '극단의 시대'를 체감하고 있다. 국민소득 2만 달러 시대라는 화려한 구호 아래 '신빈곤층'이 오히려 증가하고 있다. 통계청에 따르면, 현재 5명 가운데 1명의 국민이 빈곤층이라고 하고, 경제활동인구의 35.9%인 570만 명이 비정규직 노동자라고 한다. 그런데 이들의 평균임금은 월 127만 원으로, 이것을 연평균 임금으로 산정하면 1,524만 원에 불과하다.

한국의 지표상 1인당 국민소득이 2만 달러 내외이고, 이것을 달러당 900원의 환율로 산정하면 1,800만 원이다. 경제지표가 이들 신빈곤층의 현실 앞에서 얼마나 허구적인 것인가를 우리는 알 수 있다. 게다가 신용불량자는 400만 시대를 이미 뛰어넘고 있다. 많은 수의 비정규직 노동자는 동시에 신용불량자일 확률이 높은 것을 가정하면, 신빈곤의 문제가 얼마나 심각한 것인지를 알 수 있다.

다른 지표를 거론하는 것은 어떨까. 역시 최근 통계청이 발표한 수치 가운데 이른바 자살률이라는 것이 있다. 이 지표에 따르면 2006년 한 해 동안 한국의 자살자는 1만 2,968여 명에 달했다. 이것은 하루 평균 35.5명이 자살했다는 이야긴데, 한국이 속해 있는 OECD에서도 가장 높은 수치다. 범죄율은 또 어떤가. 전반적으로는 범죄율이 하강하는 추세에 있으면서도, 유독 30~40대의 범죄율은 증가하고 있으며 대체로 생계형 범죄라는 것은 역시 주목할 만한 사항이다.

신빈곤의 문제는 크게 두 가지 점에서 문제적이다. 우선적으로 그것은 국민 대다수로 하여금 미래의 불확실성에 직면하게 해, 계층 간의 사회적 갈등을 가파르게 증대시키는 방향으로 나아갈 것이다. 다음으로 들 수 있는 것은 이 신빈곤의 문제가 사회 통합을 저해하는 데서 더 나아가, 공동체를 유지시키는 규범적 근간으로서의 사회윤리를 무력화시킨다는 점에 있다.

이번의 대선정국에서도 확인할 수 있는 것처럼 한국인들은 공동체를 지탱시키는 규범이나 윤리에 대한 관심을 이미 상실했다. 남은 것은 어떻게든 살아남아야 한다는 절규, 적자생존과 승자독식의 극단적 경쟁논리다. 극단의 시대에 겪고 있는 한국의 신빈곤은 그것의 해결 방식조차도 극단화된 수단을 선택할 확률이 높다. 해법이 없다면 미래도 없다. 2007.11.6.

마음의 접경

　우리는 어디까지, 또 얼마만큼 타인에게 마음을 열 수 있나. '마음의 접경'이란 표현이 가능하다면 그 접경의 안쪽으로 당신을 받아들일 것인지, 바깥으로 밀어낼 것인지, 적당히 거리를 유지할 것인지를 선택하는 일은 어렵다. 정념이라는 것이 문학적 질료의 핵인 탓도 있지만, 사실 인간다움의 가장 힘 있고 조율 불가능한 것이 또한 그것이기도 해서 애초에 '감정교육'이란 것은 형용모순이라는 생각에 빠져들 때가 종종 있다.

　스승의 날도 아닌데 한 학생에게 꽃을 받았다. 왜 나에게 꽃을 주느냐 물었더니 '스승의 날'이 이번 주라고 했다. 그 학생은 부끄러웠는지 강의의 중간 휴식 시간에 복도에서 꽃을 주었다. 부끄러운 것은 나도 마찬가지여서 꽃을 들고 다시 강의실로 들어가는 일이 겸연쩍었다. 교탁 위에 갖다 놓아 달라고 부탁했다.

　마음은 고맙게 받았지만 대학의 전임교수였을 때나 상황이 바뀐 현재의 시간강사 처지에서도 스승이 없는 시대의 '교수'나 '강사'에 대한 '예의'라는 것이 나는 거북하고 불편하다. 그러나 사람에 대한 예의 역시 여전히 소중한 것이어서 교실에서 나는 학생들과 가슴으로 만났으면 하는 희망을 갖고 있다.

그러나 가슴으로 만난다는 일은 오랜 시간의 성숙과 인내를 요구하는 일이며 더구나 한 사람의 내면이나 영혼에 대해 서로가 마음을 개방한다는 것은 기껏 16주에 불과한 3학점짜리 시간강의에서는 어림없는 일이다. 게다가 학생들의 학업이나 삶에 대한 고민을 전혀 공유할 수 없는 강사의 처지에서 간혹 난데없이 제기되는 학생의 미래에 대한 선택에 조언을 한다는 것은 어렵고 때로는 주제넘은 일이라 생각될 때가 많다.

학생들의 이야기를 듣다 보면 사실 해당 학생의 진로에 대한 고민이나 학업의 어려움, 더 나아가서는 개인적 슬픔에 대해 세심한 관심을 기울여야 할 이는 일차적으로는 해당 학생이 속해 있는 학과의 교수들이다. 그러나 모두 알고 있는 대로 대학의 지도교수조차 학생들이 처해 있는 '삶의 난관'에 대한 조력자가 되는 일은 사실상 어렵다.

그것은 근대 대학의 성립조건 자체가 가치중립성과 객관성을 문제 삼는 데 있고, 때문에 학생들 개개인의 내적 고민은 대개 주관적인 것이어서 그 자신이 짊어져야 할 내성의 영역으로 간주되었기 때문이다. 이런 사실에도 불구하고 내가 학부생이었던 20여 년 전 대학선생들이나 학생들이 격의 없이 스스로의 내면을 개방했던 한때가 있었다는 것은 참으로 즐거운 추억이 아닐 수 없다. 오늘날과 같이 취업 준비로 대학이 삭막해진 시대에는 더욱 그렇다.

아마도 내가 대학의 선생이 되고 문학평론가가 되었던 것은 인문학자로서 살아간다는 것의 명백한 전례였던 그런 선생들의 영향이 다분했을 것이다. 가령 내가 대학 시절 지도교수에게 단 한 번 사적 고백을 용기 있게 했을 때, 내가 존경했던 그 선생은 단 한마디 "타인과 스스로에 대한 기대치를 낮추면 더 넉넉해질 수 있다"라고 역시 '사적으로' 말씀하셨다.

당시에도 큰 위로가 되었지만 개인적인 위기나 어려움에 처한다고 느껴질 때마다 나는 그 말을 자주 복기하곤 한다. 생각해보면 내 마음의 스승들은 마음의 접경 언저리에서, 마음을 연 것인지 아니면 밀어낸 것인지를 가늠할 수 없을 정도의 자연스러움으로 학생들에 대한 따뜻한 시선을 열고 닫았던 것 같다. 나 역시 요즘의 방황하는 학생들처럼 아예 마음을 닫고 있거나 아니면 한꺼번에 너무 많은 고민을 드러내서 상황을 어색하게 만들지 않는 중용에 대해 배운 것은 아마 그때였던 것 같다.

오늘의 학생들은 존경할 만한 선생이 없다 하고, 선생들은 열정으로 가르칠 학생을 찾기 힘들다고 말한다. '청출어람 청어람'은 고사성어에 불과한 것이어서 사제지간이라는 것이 매혹적인 커피 광고만큼의 인공적인 향기도 찾아보기 어렵다는 것은 슬픈 일이다.

선생이나 학생이나 이 메마른 시대의 '스승의 날'이란 오래된 관례와 같은 것이어서 붉은 카네이션도 다음 날이 되면 지친 곡선으로 고개를 숙인다. 유독 5월에는 많은 날들이 화물열차처럼 늘어져 있다. '마음의 접경'의 안과 밖에서 기쁨과 슬픔이 많은 5월이다. 꽃을 준 학생에게 고맙다는 말을 전하고 싶다. 2010. 5. 19.

나폴레옹은 "내 사전에는 '불가능'이란 없다"고 말했다는데, 우리의 사전에는 '노블레스 오블리주'라는 표현이 없다. 상류층의 사회에 대한 도덕적 의무를 상기시키는 이 표현에 대응할 만한 한국어가 없다는 사실은 슬픈 일은 아니지만, 적어도 기이한 일임에는 틀림이 없다. 물론 우리에게는 '군자'라는 단어가 있기는 하다. 그러나 학식이 높고 행실이 어진 사람을 의미하는 이 말은 '노블레스 오블리주'에 비하면, 상대적으로 공적인 의무보다는 사적인 차원에서의 성찰적 행위에 그 강조점을 두고 있는 표현처럼 생각된다.

게다가 군자라는 이 표현은 현대사회에 와서 죽은 말이 된 것까지는 아니지만, 적어도 일상적으로 쓰이지는 않고 있다. 오히려 우리는 '공인'이라는 가치중립적인 표현을 선호한다. 그런데 국가나 사회를 위해서 일하는 사람이라는 사전적 정의를 갖고 있는 이 단어도 현실 속에서는 조금 다른 맥락에서 사용되고 있는 것 같다. 사전적 정의에 따르자면, 공인이란 사적인 이기심을 최대한 제한하면

212

서, 국가나 사회와 같은 공공영역의 이익을 확대시키기 위해 헌신하는 자를 의미할 것이다. 가령 국가 관료를 포함해서 공직에 있는 사람 일반을 가리키는 단어로 볼 수 있다. 그런데 우리의 일상적인 언어생활에서 '공인'이라는 이 표현을 가장 흔하게 볼 수 있는 곳은 놀랍게도 스포츠신문의 연예면이다. 최근 일련의 마약 사건으로 구속된 연예인들에게 퍼부어지는 비판의 가장 익숙한 레퍼토리는 어떻게 공인이 그런 행동을 할 수 있느냐는 것이다. 물론 공인의 범주를 확대시켜서 이해하자면, 현대사회에서의 연예인들 역시 특정한 방식으로 사회에 기여하는 사람들이기 때문에 공인임에는 분명하다.

아이로니컬한 것은, 사전적 의미에서의 진정한 '공인'이라고 할 수 있을 국가 관료라든가 정치인들에 대해서 이야기할 때, 우리는 이러한 비판을 제기하는 것조차 신물을 내고 있다는 사실이다. 게다가 부패나 수뢰사건에 연루된 이 '공인'들 역시 도무지 공인으로서의 자의식 같은 것은 눈곱만큼도 찾아볼 수 없는 경우가 허다하다. 이러한 사태를 보도하고 비판하는 언론의 태도 역시 기이한 것은 마찬가진데, 이들 언론은 이러한 사건을 보도할 때 '공인'이라는 단어보다는 '사회지도층'이라는 표현을 선호한다. 사회지도층의 '도덕적해이'가 극에 달했다는 식의 보도가 연일 신문지상을 도배하고 있는 것이다.

'사회지도층'이라니? 나는 이런 표현을 언론에서 접할 때마다 한국 사회가 언어생활의 측면에서 보자면 중세적 신분사회에서 아직도 벗어나지 못한 것처럼 느껴진다. 공인이라는 표현 속에는 그래도 최소한의 사회에 대한 봉사나 의무와 같은 의미가 포함되어 있지만, 이 단어 속에는 지배와 복종과 같은 시대착오적인 계급의식만이 녹아 있을 뿐이다. 도대체 누가 누구를 지도할 수 있다는 것인지 아무리 생각해도 한심하기 그지없다. 국어사전에도 등재되어 있지 않은 이 표현이 어디에서부터 출현한 것인지는 알 수 없으나, 적어도 대한민국이 민주공화국인 것이 사실이라면, 이 계도적인 표현을 언론에서 사용하는 것은 자제할 필요가 있어 보인다.

이행기나 변동기에 있는 사회에서는 일상적인 언어생활 역시 커다란 변화를 겪는다. 언어의 생성과 사멸이 역동적으로 진행되기 때문이다. 그런데 우리의 언어생활의 현실은 어떠한가. 아름다운 사회의 비전을 환기시키는 언어는 생성되지 않고, 그 자리에 '사회지도층'과 같은 시대착오적인 표현이 난무하거나, '경쟁력' '퇴출' '왕따' '조폭' '홍위병'과 같은 유쾌하지 않은 단어들이 춤을 추고 있다. 언어가 바뀐다고 해서 세상이 바뀌는 것은 아닐 것이다. 그러나 세상이 더욱 나은 방향으로 나아간다면, 또 그러한 세상을 열기 위한 아름다운 사람들의 노력이 제대로 존중받는 사회가 온다면, 우리들의 국어사전도 조금은 풍요로워질 수 있지 않을까? 언어는 존재의 집이라고 하지 않는가. 2002. 1. 3.

어떤 절명시

흐린 눈으로 지켜보던 텔레비전의 자막에서 노무현 전 대통령의 서거 소식을 보던 날의 충격은 너무도 큰 것이어서, 지금도 그것이 현실이라는 것을 느끼기 어렵다. 그가 고인이 되었다는 사실을 보도를 통해 거듭 지켜보았으면서도 한 생애가 그렇게 종결될 수 있다는 사실의 고통은 너무나 생생하다.

죽기 직전 고인이 남긴 한 편의 유서를 읽으면서, 나는 그것이 자꾸만 절명시絶命詩처럼 느껴졌다. '나로 말미암아 여러 사람이 받은 고통이 너무 크다/ 앞으로 받을 고통도 헤아릴 수가 없다'라는 구절에서 '고통'이란 말은 두 번이나 반복되고 있다. 앞의 고통은 타인을 향한 것이며, 뒤의 고통은 스스로를 향한 것일 게다. 그는 죽음을 결심하는 최후의 시간에조차 스스로에게만 갇히지 않고, 그 자신이 초래한 타인의 고통에 대해 생각하고 있다. 동시에 고인이 반복적으로 고백하고 있는 그 '고통'은 자연인의 것이자 지난 민주화의 도정에 뜨겁게 동참했던 공인으로서의 열망이 시대적 한계 속에서 절망의 어조로 파열되어 나타난 고백이기도 한 것이다. 그의 고통을 뒤늦게나마 발견하게 된 우리들이 느끼는 형언할 수 없는 또 다른 고통은 고인을 죽음에 이르게 한 개인적 고통에 대한 처연한 공감이기도 하고, 고인과 함께 살아왔던 우리 시대가 민주화 이전의 과거로 회귀하고 있는 데서 나타나는 더 커다란 시대적인 '고통'의 증대하는 압력에 대한 집단적 공명이기도 한 것이다.

그렇게 모든 절명시들은 죽음을 결심한 한 자연인의 내면적 번민을 비밀스럽게 표현하면서, 죽음이라는 극단적 결단에 깃들어 있는 상황적·정치적 맥락을 그것을 읽는 자들이 적극적으로 의미화하게 만든다. 가령 일제의 조선강병을 비관하여 자결한 매천 황현의 「절명시」를 읽게 될 때의 느낌도 다르지 않다. '금수가 슬피 울고 바다와 산도 찌푸렸으니/ 무궁화의 세계는 이미 침몰하였네/ 추등秋燈에 책 덮고 천고의 역사를 생각하니/ 인간세의 선비 되기 어려워라'. 침몰하고 있는 '무궁화 세계'는 조선의 몰락을 의미하는 것과 동시에 한 선비의 내면의 붕괴를 잘 표현하고 있다. 이 꽉 막힌 현실 속에서 윤리적 자아가 느끼는 것은 거대한 고통과 부끄러움이다. 매천이 '인간세의 선비 되기 어려워라'하고 간명하게 고백하고 있는 그 상황은 '책을 읽을 수도, 글을 쓸 수도 없다'고 고백하고 있는 노무현 전 대통령의 고통스러운 상황과 정서상으로 긴밀하게 조응하고 있다.

이들이 직면해 있는 고통은 시대적인 압력이 개인의 실존적 고통과 부딪쳐 만들어낸 내면적 파문일 것이다. 뒤이어 그것은 세계의 끝남을 자신의 실존적 삶의 종결로 간주하려는 의식의 지향성을 낳

고 있다. 노 전 대통령에게 그것은 무엇이었을까. 일반인들조차 노
전 대통령에 대한 전례가 없는 검찰의 고약한 수사의 방식에서 '정
치 보복'을 읽어내는 것처럼, 고인 역시 그것을 강렬하게 의식했을
확률이 높다. 그러나 그것으로 고통의 성격이 한정되지는 않았을 것
이다. 노 전 대통령의 '고통'은 개인적 치욕의 성격을 뛰어넘는다. 그
의 죽음은 한국의 민주화가 용인할 수 없는 방향으로 이행하고 있
다는 시대적 고통의 확인에서 온 것일 터이다. 그는 이 정권 들어 극
단적으로 분출되고 있는 민주주의의 빈사 상태를 극단적으로 체험
했다. 그 자신에게조차 민주화의 열망은 극단적인 절망으로 체험되
었거니와, 그것은 '고통'으로 가득 찬 삶이 아닐 수 없었다.

　고인의 말처럼 '삶과 죽음이 모두 자연의 한 조각'인 것은 분명하
다. 그러나 살아 있는 자들의 머리를 짓누르는 역사는 결코 '운명'을
긍정할 수가 없다. 고인이 말하고 있는 것처럼 '누구도 원망하지' 않
는 삶이 가능한 것이었다면, 애초에 죽음을 앞당겨 스스로의 삶을
종결시킬 필요는 없었을 것이다. 그러므로 고인의 절명시는 살아 있
는 자들에게 어떤 책임을 극적으로 상기시킨다. 우리는 고인의 삶과
죽음에서 증대하고 있는 현실적 '고통'에 대한 산 자들의 새로운 극
복과 실천의 출발점이 되어야 한다는 것을 엄숙하게 깨닫는다. 이는
고인의 유서는 물론 단말마의 어조로 쓰인 이 시대의 숱한 절명시
들과 그 처절한 '고통'의 언어들이야말로 살아 있는 우리 모두의 역
사에 대한 책임을 필사적으로 역설하고 있기 때문이다. 삼가 고인
의 명복을 빈다. 2009. 5. 25.

　어제 신문에는 이런 내용이 있었다. "법원이 인혁당 재건위 사건 희생자와 유족에 대해 1975년 법원 판결의 불법성을 인정해 국가의 배상책임을 인정한 판결을 내렸다." 국제적으로도 '사법살인'이라는 평가를 받았던 이른바 인혁당 재건위 사건은 사회 일각에서 꾸준히 그 불법성이 논의되어 왔으며, 권력을 비호하는 데 앞장서왔던 법적 오용의 대표적인 사례로 간주되어 왔다. 그런 점에서 수십 년의 세월이 흘러, 법원 자신이 과거의 사법적 오판의 실체적 진실을 인정하고 국가배상 판결을 판시한 것은 매우 바람직한 일이다.

　그런가 하면 또 이런 내용도 있었다. "법원은 '기업인 범죄'에 역시 관대했다." 경제개혁연대가 2000년부터 올해 상반기까지 특정범죄가중처벌법상 배임 및 횡령 혐의에 대한 판결을 분석해보니, 기업의 지배주주나 임원 중에 1심에서 집행유예를 선고받은 비율이 강·절도 등 일반사범보다 현저하게 높았다는 것이다. 그러면서 "'유전무죄 무전유죄'라는 국민들의 일반적인 생각이 틀리지 않았다는 것을 보여주는 조사결과"라는 분석이 덧붙여졌다.

오늘의 현실에서 법의 정의에 자신의 권리를 호소하는 집단은 많은 경우 사회적 약자이기보다는 강자인 경우가 많다. 거기에는 여러 이유가 있을 수 있는데, 일단 법적 지식에 대한 접근 통로가 사회적 약자에게는 제한되어 있다. 일단 법률 용어 자체가 오늘의 일상어와는 현격히 다른 일제강점기의 일본어식 번역투로 점철된 것이어서, 일반인들이 법률 용어를 이해하기가 어렵다. 재판을 통해 얻을 "실익이 없다"고 하면 될 것을 오늘의 법관들은 여전히 "구할 이익이 없으므로"라는 법률적 관용어와 문체를 애용한다. 법률 용어 자체가 변화하는 현대의 일상적 언어감각과 현저하게 괴리되어 있는 것이다.

동시에 법적 소송에 따르는 절차의 복잡성과 경제적 비용의 문제는 법의 정의를 통해 자신의 권리를 회복하고자 하는 사회적 약자의 접근을 막는다. 예를 들어 생존의 절박함 때문에 당장의 생계가 어려운 부당해고된 비정규직 노동자의 경우, 개인적인 차원에서 법적 소송에 불가피하게 수반되는 변호사 수임료를 포함한 법적 비용은 물론이고, 수년에 걸쳐 지루하게 지속되는 재판 과정 속에서 생계를 유지할 만한 경제적 토대가 붕괴되어 있다. 그런 까닭에 오히려 기업집단은 의도적으로 노사 간의 가파른 갈등의 해법을 엉뚱하게도 법원의 판결에 위임하는 제스처를 취한다. "법대로 하자"는 것이다.

이런 사실과 함께, 판사의 사회영역에 대한 전문지식의 부족 탓이건, 판사 개인의 세계관과 이데올로기 탓이건, 이해관계가 충돌하는 상황의 구속성 때문이건 판결의 '오판 가능성'에 대한 판례 차원에서의 비평적 검토가 이루어지지 않는 부분도 문제시되어야 한다. 나는 오늘의 사법적 현실에서 가장 필요한 것 가운데 하나가 이른바 '판례 비평'이라고 생각한다. 오늘의 법적 현실을 보면 판례에 대한 '해설'은 난무하지만, 이에 대한 체계적인 '비평'은 부재한다. 사회의 여타 부문의 담론에서는 비평의 기능이 활성화되어 있는데, 왜 법률 영역에서는 판례에 대한 비평적 기능이 실종되었는지 모르겠다.

우리 사회에는 많은 수의 예술비평가도 있고 경제비평가도 존재한다. 그런데 삶의 가장 구체적인 국면에서, 개인과 집단의 이익과 손해를 수시로 판단하게 되는 판결에 대한 예리한 검토 작업을 담당하는 법률비평가는 존재하지 않는다. 누군가 이 전인미답前人未踏의 영역에 등장해 법의 정의에 대한 기탄없는 분석과 비평을 해준다면 좋겠다. 법원을 들락거리다 보면, 이런 생각을 가끔 하게 된다.

2007. 8. 22.

김대중의 유산

김대중 전 대통령이 영면에 들었다. 이로써 '3김 시대'로 요약되는 한국 정치는 역사 속으로 사라지고, 남은 자들은 이른바 1987년 체제로 요약되는 해당 시기의 정치적 성격과 민주주의의 공과에 대한 분석 및 평가에 골몰하게 될 듯하다. 김 전 대통령은 한국 민주주의의 초석을 놓았고, 남북 간 냉전체제를 6·15선언을 통해 대화와 협력의 체제로 변화시키고자 했으며, 인권과 평화에 대한 인식을 제도적으로 고양시켰다.

물론 그에게 업적만 있는 것은 아니다. 대권을 둘러싼 1987년 민주세력의 분열은 이후 노태우·김영삼·김종필을 필두로 한 보수 대연정을 초래해 민주화 세력의 대거 이탈을 초래했고, 그의 집권기에 행해진 신자유주의적 구조조정은 경제적 민주화를 지체시킨 무시할 수 없는 장애로 남아 있다.

그러나 한국 정치사에서 '개혁적 보수정치인'으로서 이만한 정치적 경륜과 정치력을 발휘했던 정치인을 찾기는 어렵다. 그는 자의든

타의든 퇴임 이후에도 정치적 폭풍의 중심에 있었으며, 민주주의와 인권에 대한 투철한 신념을 적극적으로 피력했고, 이것이 이명박 정부의 권위주의적 민간독재 강화에 대한 날카로운 경고를 그치지 않았던 원인이 되기도 했다.

정치인 김대중에게 영광만 있었던 것은 아니다. 그의 정치적 경륜과 영향력의 증대는 역설적으로 독재세력에 의한 투옥과 납치, 살해 위협과 사형선고 등 한 인간으로서는 감당하기 힘든 정치적 탄압에 대한 저항에서 획득된 것이다. 게다가 권위주의 독재세력의 통치 필요성 때문에 만들어진 호남차별주의에 근거한 마타도어Matador는 그가 영면에 든 현재에도 그치지 않는 단골메뉴로 지속됐다.

엉뚱하게도 자유민주주의자인 김대중은 낡아빠진 '빨갱이 규탄'의 선동적 비난의 타깃이 되기도 했다. 이는 평화통일에 대한 그의 평소 신념과 함께 세계사적으로는 아시아 냉전체제의 변혁을 추구했다고 평가받고 있는 남북 정상회담과 6·15선언에 대한 극보수세력의 정서적 혐오감에 기인한 바 크다.

이런 점을 두루 고려하면서 정치인 김대중에 대한 역사적 평가가 이루어져야 하겠지만 남아 있는 우리에게 중요한 것은 앞서 서거한 노무현 전 대통령이 남긴 유산과 함께 이른바 민주정부의 유산을 어떻게 계승하고 극복할 것인가의 문제다.

먼저 우리는 경제적 주체로 함몰된 시민의 정치적 주체로의 복원에 힘써야 한다. 이제 시민들은 정치계급의 이해관계에 따라 동원되는 객체가 아니라 그들의 직접적인 정치·경제적 전망을 실현하기 위한 의사소통 연결망의 복원에 힘써야 한다. 물론 이것은 제도 정치 차원에서 시도될 수도 있겠지만 시민적 자치의 분명한 이념을 체계화하는 것이 더욱 중요하다. 이와 더불어 경제민주화의 뚜렷한 가치와 방향에 대한 논의가 집중되어야 한다. 이를 위해서는 이른바 근대화 이후 유력한 정치적 수사가 되기는 했지만 실제로는 시민들의 생활세계를 격화된 분열과 붕괴로 이끈 경제성장주의를 대체할 대안적 경제담론이 활성화되어야 한다.

동시에 생활세계로부터 정치제도에 이르는 과정 속에서 우리가 견지해야 할 미래형 가치에 대한 인문학적 시각의 창안이 절실한 실정이다. 우리가 경험한 근대적 삶의 황금률은 '아는 것이 힘이다'에서 시작돼 '아는 것이 돈이다'로 바뀌었지만 시민적 삶의 행복이 증진된 것은 아니다. 이제 인간의 존엄과 자유를 확대할 수 있는 참된 가치에 대한 탐구가 절실하다. 2009. 9. 1.

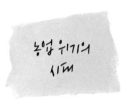

농업 위기의
시대

최근 중국국가발전위원회는 2020년까지 중국의 식량자급률을 95%로 수준으로 끌어올리겠다는 계획을 발표했다. 현재 중국의 식량자급률은 92%인데, 이것으로는 미래의 식량 안보가 걱정스럽다는 것이 그 이유다. 오늘날 선진국의 지표는 공산품을 통한 무역 이익이 아니라 식량자급률이다. 실제로 일본을 제외한 서방 선진국들은 모두 식량자급률 100%를 넘어서고 있다.

그러나 한국의 사정은 정반대다. 현재 한국의 식량자급률은 28% 수준이지만, 주식인 쌀을 제외하면 겨우 5% 수준이다. '식량 안보'라는 차원에서 보자면 거의 '붕괴 수준'이라고 해도 과언이 아니다. 벼농사라고 해서 안심할 수 있는 수준은 아니다. 정부의 농업 무시 탓에 논농사를 통해서 생계를 유지할 수 없는 상황이다 보니, 1년에 평균 2헥타르의 농지가 사라지고 있다.

반면 전 지구적인 차원에서 식량위기는 일시적이기보다 구조적으로 항진하는 양상을 보여주고 있다. 지구온난화에 따른 기후변화와 물 부족 현상으로 지구적인 차원에서 식량 생산은 급격하게 감소하고 있다. 세계 곡물가는 말 그대로 천정부지로 치솟아 애그플레이션agflation이라는 신조어도 생겨났다. 한국의 밀과 옥수수의 자급률은 0.3%에 불과하다. 그런데 최근 밀과 옥수수, 콩의 국제 가격이 적게는 300% 이상 상승했다. 문제는 가격 상승이 적어도 향후 10년 이상 계속될 것이라는 사실에 있다.

그러나 한국 농업이 직면한 위기는 어쩌면 지금부터인지 모른다. 한미 FTA를 체결하기 위해 정부는 농업 부문을 자동차와 반도체와 같은 제조업 부문의 희생양으로 전락시켰다. 조약이 발효된 후 농산물 수입시장이 완전히 개방된다면 한국 농업의 완전한 붕괴는 불 보듯 뻔한 일이다. 문제는 이러한 상황에 대처하는 정부의 안일한 발상이다. 국내 농업 기반이 절멸할 상황에 처해 있는데, 정부의 대책이란 해외 농업기지를 개척하겠다는 것이다. 국내 농업 기반을 강화해야지, 번지수가 잘못돼도 한참 잘못된 정책이 아닐 수 없다.

강조하지만 한국의 농업 기반은 급격히 붕괴하고 있다. 한국의 농업 인구 가운데 대다수는 60~70대의 노년층이다. 농업을 통해 생계 보전이 안 되니 젊은이들은 농촌을 떠난 지 오래고, 농지는 급격하게 줄어가고 있다. 게다가 환율 상승에 따른 비료 값 폭등은 판매가보다 생산비가 높은 상황을 연출하고 있건만, 직불금 부당 수령 사태에서 알 수 있듯 정부의 농업 지원 정책은 생색내기 수준에도 못 미치고 있다.

그렇다면 대안은 무엇인가. 정부와 일부 농업경제학자는 한국도 미국식으로 '기업농' '규모농' '산업농'으로 전환해야 한다고 말한다. 그러나 진정한 대안은 김종철『녹색평론』발행인이 역설하는 것처럼 소농小農에 입각한 자작농 체제의 강화에 있다. 그래야 땅도 살고, 농민도 살고, 농촌공동체도 살 수 있다. 동시에 농지 소유와 관련해서 '경자유전耕者有田'의 원칙을 철저히 준수해야 한다.

농업은 단순한 산업이 아니라 '생명산업'이다. 농업의 붕괴는 단순히 농민의 붕괴에서 멈추지 않고 대한민국의 붕괴로 이어진다는 사실을 사람들은 의식하지 못한다. 그러나 그것은 부정할 수 없는 사실이고, 그래서 오늘의 농업 위기는 우리가 직면한 가장 중요하고도 근본적인 위기인 것이다. 2008. 12. 2.

교사를 살려라

교사는 매력적인 직업이다. 사회적 존경, 급여 및 연금의 안정성, 정년이 보장되는 몇 안 되는 직업 아닌가. 그러나 무엇보다 이 직업의 아름다움은 '사람'을 만드는 데 있다. 교사는 영혼의 연금술사다. 그는 제자들의 혼돈스러운 마음에 인간과 세계에 대한 신뢰의 형식을 조각한다. 눈에 보이지 않지만, 이 마술적인 형식의 지속성이야말로 교육의 순금 부분이다.

그러나 이것은 사실일까. 이런 예측이 조심스럽지만, 머지않아 교사라는 직업은 청년들이 선택하기 꺼리는 최악의 직업이 될 확률이 높다. 미래의 교사들은 '교실 파괴'라는 풍경을 지금보다 더 자주 경험하게 될 것이다. 학생들은 교사들을 월급쟁이로 간주하는 시각을 노골화하고, 분노에 찬 학부모들은 교사들을 향해서 시도 때도 없이 클레임을 제기할 것이며, 관리자들은 상급 기관의 성과 목표를 달성하라고 교사들을 더 강력하게 채찍질할 것이다. 교사들은 지금보다 더 많은 회의에 참석하게 될 것이며, 더 많은 공문을 처리해야 할 것이며, 더 많은 성과 경쟁에 동원될 것이고, 더 많은 학생들에게 모멸감을 경험하게 될 것이고, 더 많은 학부모들의 클레임에 포위될 것이다.

이것은 지나친 비관론인가. 한국의 '교육 실패'를 앞장서 실현하고 있는 일본의 중등교육 현실을 보면, 이것은 충분한 개연성이 있는 예측이다. 오늘날 한국에서 문제가 되고 있는 학생 폭력과 등교 거부, 학부모의 클레임과 관리자의 성과 압박, 교사의 우울증과 조기 퇴직 현상은 그것을 잘 보여준다.

엄기호의 『교사도 학교가 두렵다』라는 책에도 이런 현실이 잘 기술되었지만, 일본의 교육학자인 모로토미 요시히코의 『교사의 자질』을 읽으면서 나는 이 사실을 더욱 절감했다. 모로토미는 '현장 교사의 작전참모(스쿨 어드바이저)'라는 희귀한 직업을 창안한 사람인데, 그가 보여주는 일본 교사들의 상황은 참혹하다.

일본 문부과학성의 '2012년도 교직원에 관한 징계처분 등의 상황에 대하여'라는 통계를 보면, 재직 총원 91만 9,093명 가운데 건강상의 이유로 휴직한 교사가 8,660명인데, 이 가운데 5,407명이 정신질환 등으로 휴직했다. 재직 총원 대비 정신질환에 의한 휴직은 0.6%, 휴직 원인만으로 따지면 무려 62.4%라는 사실이 놀랍다. 이는 10년 전의 통계와 비교하자면 무려 갑절 이상 증가한 수치라는데, 더욱 놀라운 것은 교사들의 질병 등으로 인한 휴직이 일반 기업 노동자의 2.5배에 이른다는 사실이다. 일본의 교사들은 업무량의 폭주, 학급 운영 및 학생 지도의 곤란, 학부모 대응의 어려움, 동료 및 관리직과의 인간관계의 곤란 속에서 깊은 우울과 충격에 **빠져** 있다는 것이 모로토미의 분석이다.

더 충격적인 것은 일본의 젊은이들에게 교사가 '기피 직업'이 되고 있다는 사실이다. 오늘의 한국에서는 교원 임용고사의 경쟁률이 하늘을 찌르고 있지만, 일본의 경우 지원율이 급감해 경쟁률이 거의 일대일에 근접했다는 것이 이를 잘 보여준다.

어쩌다가 일본에서는 교사라는 직업이 기피 대상이 된 것일까. 내 판단에 그것은 교육에서 체화해야 할 '시민성'의 실패에 기인한다. 이것은 일본만의 문제일까. 오늘의 학생들은 적자생존의 저질스러운 폭력의 희생양이 되고 있다. 교사, 학생, 학부모 모두 '바닥을 향한 경쟁'의 노예가 되었다. 학부모의 입장에서 나는 먼저 교사를 살려야 한다고 주장한다. 학생을 살리는 것은 교사다. 물론 학부모는 내 새끼를 먼저 살리라고 말할 권리가 있다. 그러나 함께 살자고 말하는 '시민성'을 포기했기 때문에 내 새끼도 고통받고 있다는 사실을 잊고 있다. 2013. 11. 18.

조건 없는 사랑

한국의 결혼 대비 이혼율이 거의 50%에 이르고 있다는 통계수치는 충격적이다. 그것이 자못 충격적인 것은, 그럼에도 불구하고 우리 사회에서 '사랑'에 대한 맹목적인 열정은 과감하게 고양되고 있다는 상황의 아이러니 때문이다. 소설과 드라마, 영화를 포함한 대중적 문화텍스트에서 상투적으로 반복되는 '사랑'에 대한 눈부신 열정을 상기해보라.

그러나 어떤 측면에서 현대사회에서의 이혼율의 증가는 일정한 필연성을 내포하고 있는 것처럼도 생각된다. 근대 이전의 결혼이 '가문'으로 상징되는 공동체의 논리에 의해 이루어진 것이라면, 현대적 결혼은 공동체의 안전망이 존재하지 않는 연약한 '개인'들의 결합으로 이행되어 왔기 때문이다. 확실히 과거의 '결혼'에 비하자면, 현대의 결혼은 개인의 '자유'를 신장시키는 방향으로 진화해온 것처럼 생각된다.

그런데 다시 한 번 생각해보면, 이때의 '자유'란 우리가 전통이라

일컬어왔던 유기적인 질서가 좋든 싫든 보장해주었던 일련의 '안정감'을 파괴함으로써 가능해진 것이다. 물론 양의 동서를 막론하고, 그 자유는 가족관계에서의 여성적 권리의 확대와 남성의 전횡적 권력의 약화를 수반해왔으며, 그 연장선상에서 '사회=남성, 가정=여성'이라는 불평등한 성적 역할 분담론을 격파하는 방향으로 진행되어 왔다.

논리적으로는 진보적인 방향으로 결혼이 진화해왔다고 판단되지만, 현실적으로 이러한 변화는 남녀 양자에게 결혼과 가정에 대한 관점에 일정한 혼란을 초래해왔다. 많은 남성들은 변화된 가족 내에서의 권력 축소에 이성적으로는 동의할지언정 정서적으로는 반발하고 있으며, 여성들은 여전히 호의적이지 않은 사회적 차별과 투쟁하는 과정 속에서 오히려 가정을 이상화하고 있다.

그러나 남성이나 여성 모두에게 현대적 가정은 사회적 위협으로부터 자유로운 피난처로 이상화된 것과는 정반대로, 실상은 또 다른 투쟁의 공간이 되고 있다. 사회가 자본과 명성을 획득하기 위한 '투쟁의 장'인 것과 마찬가지로, 가정은 연약한 개인들의 성적·정서적·경제적 '교환과 투쟁의 장'으로 변해버렸다.

'조건 없는 사랑'은 이곳에도 없고 저곳에도 없다. 바로 그렇기 때문에, 사랑은 더욱 낭만적으로 이상화되며, 대중예술은 더욱 노골적으로 사랑의 예찬에 빠져들고, 사람들은 '사회'도 아니고 그렇다고 '가정'도 아닌 '거리'에서 배회하는 것이다. 그런 차원에서 보자면, 현대인의 일반 정서는 '고독한 홈리스'에 가깝다. 2004. 6. 5.

석궁 사건과
두 가지 의문

　김명호 전 성균관대 교수의 석궁 사건 소식은 충격이었다. 나는
지금 '석궁 테러'가 아니라 '석궁 사건'이라고 쓰고 있다. 그 이유는
테러라고 명명되는 순간, 이 사건의 의도성이 자명한 것으로 확정되
기 때문이다. '무죄추정의 원칙'은 헌법에 보장된 기본권이다. 나는
이 기본권이 피의자 신분인 김명호 교수에게도 예외 없이 적용되어
야 한다고 생각한다. 사소한 것 같지만, 사소하지 않은 문제다.

　석궁 사건 소식을 접한 뒤, 나는 다음과 같은 두 가지 문제에 대
해서 생각했다. 첫째, 비유적으로 말하면 교수재임용 판결에서도 이
른바 '87체제'라는 것이 존재하는지. 둘째, 개인의 품성이나 자질과
같이 지극히 주관적이고도 내면적인 사안에 대한 법적 판단이 가
능한지가 그것이다.

　우선 첫 번째 문제. 김명호 교수는 교수재임용과 관련한 최초의
대법원 판례는 1977년 9월의 77다300이라고 말한다. 핵심 내용은
"대학교원으로서 현저히 부적법하다고 여겨지는 특수한 자를 도태

하는 데 있어 부적격하다고 인정되지 아니하는 한, 그 재임명 내지는 재임용은 당연히 예정된다"는 내용이다. 교수들의 이른바 '재임용 기대권'을 적극적으로 인정한 판례다.

그런데 법원이 이런 판례를 무시하고 "재임용 여부는 전적으로 임용권자의 재량이다"라는 1987년 6월 9일의 대법원 판례 86다카 2622에 근거해 지난 20년간 재임용 판결을 해온 것은 위법이라는 것이 김 교수 주장의 핵심이다. 왜 그런가? 법률 해석을 변경하기 위해서는 법원조직법이 정한 대로 전원합의체를 거쳐야 하는데, 지난 20년간 법원이 그런 과정 없이 1987년의 판례를 일괄 적용해 해직 교수가 대량 양산되는 결과를 빚었다는 것이다. 이것이 김 교수가 대법원에서 1인시위를 하고, 실익이 있을 수 없는 관련 재판부와의 법적 분쟁까지도 불사했던 핵심적인 이유라고 나는 생각한다. 대법원의 명백한 해명이 필요한 부분이다.

두 번째 문제. 김명호 교수 관련 재판의 주심이었던 한 판사의 글도 읽었고, 판결문도 살펴보았다. 요지는 간명했다. 김 교수의 수학자로서의 연구 능력은 인정되지만 교육자로서의 자질은 부족했고, 그런 점에서 재임용 탈락은 적법하다는 것이다.

나는 이런 주장에 자못 큰 충격을 느꼈고, 법적 판단의 범주가 과연 어디까지인가 하는 생각을 골똘히 했다. 나는 인문학자이고 문학평론가인데, 그러다 보니 인간이란 과연 무엇인가라는 문제에 자주 봉착한다. 그런데 인간의 내면이라는 것은 지극히 복잡하고 섬세한 것이어서, 소설 속 인물들의 경우도 가치지향을 해석할 수는 있지만, 완전히 규정하는 것은 불가능하다는 생각에 자주 빠져든다.

　소설 속의 인물도 그러하거늘, 하물며 현실의 인간을 판단하는 것은 더더욱 어렵다. 물론 한 인물에 대한 주관적인 호오를 드러낼 수는 있다. 그러나 이조차도 객관적인 평가라기보다는, 객관화에 이르기 위한 지난한 노력을 내포한 주관성에 그칠 뿐이다. 특히 한 인간의 복잡한 내면적 가치의 총화일 인성이나 자질, 품성에 대한 평가는 어려울 뿐만 아니라, 특히 법적 판단과는 범주가 전혀 다른 영역이라고 나는 생각한다.

　그런데 법원에서 한 교수의 교육자로서의 자질, 그러니까 한 개인의 주관적 품성을 근거로 법적 판단을 내릴 수 있다는 사실이 나는 무척 놀라웠다. 판결의 정당성을 논하기 전에, 나는 한 개인의 인성에 대한 평가에 실정법이 개입하는 일이 과연 가능한가라는 근본적인 의문을 제기하고 싶다. 인간의 내면에 대한 법적 판단의 준거, 법철학적 근거는 무엇인가. 2007. 1. 24.

생활고와
가족 동반자살

　우리는 언론지상에서 생활고를 비관한 일가족이 '동반자살'을 감행했다는 소식을 자주 듣는다. 이 소식은 다음과 같은 두 가지 사실을 숨기고 있다. 생활고를 비관해 죽었다면, 그 죽음은 자기결단의 산물이 아니라, 실제적으로는 상황이 강제한 타살, 더 정확히 말하자면 최소 생존을 가능케 해야 마땅할 '사회안전망'의 부재가 초래한 '사회적 타살'이다. 이와 함께, '동반자살'이라는 표현이 은폐하고 있는 부모에 의한 자식의 '타살' 문제를 우리는 생각할 필요가 있다. 이때 영문도 모르고 부모에 의해 죽임을 당하는 그 자식들에게 죽음은 명백한 '타살'이다. 이 자식들은 본능적으로 죽음이 어떤 끔찍함의 이미지와 연결된다는 것 때문에, 죽음의 순간 앞에서 역시 본능적인 공포를 느끼고 절규했을 것이다. 분명 이 공포와 절규는 명백한 의사표시이지만, 절망의 극한에 다다른 부모들에게 그 의사표시는 대개 무시된다. 이런 차원에서 보자면 '동반자살'이라는 표현은, 이 중첩된 '타살의 흔적'을 지우고 있는 표현인 셈이다.

이 부분에서 우리가 심각하게 음미할 필요가 있는 것은 왜 극단의 상황에 처한 부모들이 자신의 자식들과 함께 죽음을 감행하는가 하는 문제다. 죽은 자는 말이 없기 때문에, 우리는 일련의 정황을 통해 그 의미를 유추 해석할 수밖에 없다.

　그럴 경우, 가장 먼저 우리의 뇌리에 떠오르는 한 가지 대답은 자식에 대한 부모의 '동일시 욕망'의 강렬함이다. 자식과의 '동반' 죽음을 원하는 부모들의 무의식의 측면에서 보자면, 자식들은 부모 자신의 자아의 분신들alter ego이다. 그때 부모들은 자아의 본체本體이고, 자식들은 본체에 부속된 '그림자'로 비유될 수 있다. 본체가 소멸하면 그림자도 소멸한다. 본체 없는 그림자란 있을 수 없다는 이 평범한 사실은, 자식들의 타살을 통해 '동반자살'을 완성하는 부모들의 죽음에 깃들어 있는 무의식적 동인을 우리에게 암시한다.

　자식들 편에서도 죽음에 대한 공포보다 더 강렬한 '부모와의 동일시'는 같은 측면에서 해석될 수 있다. 자아의 형성은 부모로부터의 심리적·사회적 '분리'에 의해 달성된다고 볼 수 있다. 개체적 자아의 맹아를 이루는 최초의 체험은 충만한 자궁에 감싸여 있던 태아가 자궁 바깥의 세계로 나오는, 즉 물리적으로 어머니와 '분리'되는 사건으로부터 시작된다. 심리학자들이 이른바 '탄생충격'이라고 말하는 것이 이것이다. 이것이 '물리적 분리'라면, 이러한 과정에서 더 나아가 '심리적·사회적 분리'의 과정이 달성되어야만, 개체로서의 온전한 '자아'가 성립될 수 있다. 프로이트가 이른바 '오이디푸스 단계'로 명명했고, 라캉이 '거울 단계'로 명명했던 자아의 입사식

initiation, 入社式 단계가 의미하는 것이 이것이다.

이렇게 본다면 '일가족 동반자살'이라는 사건을 가능케 한 가장 큰 심리적 동인은 자식들의 개체성을 무의식의 차원에서 부인하는 부모들의 '동일시 욕망'이 초래한 비극으로부터 찾을 수 있다. 자아의 분리를 거부하는 이 동일시 욕망은 '가족'의 차원을 뛰어넘어, 확대된 '유사-가족'의 영역, 이를테면 신문 사회면을 통해 종종 보도되는 바처럼 특정한 종교적 신념을 공유하는 신앙공동체라든가, 전쟁시 군인들의 집단자살과 같은 예에서도 비슷한 형태로 나타난다. 다시 말하면, 집단의 형태를 빌려 나타나는 모든 자살은 '가족 동반자살'의 경우와 마찬가지로, 자아의 '독립적 분리'를 거부하거나 달성하지 못한 심리적 상황이 초래하는 죽음의 방식이라고 할 수 있다.

그러나 이 글의 서두에서 언급한 것처럼 최근 한국 사회에서 빈번하게 발생하고 있는 '가족 동반자살'은, 그것의 심리적 동인과 함께, 사회적·문화적 동인을 해명할 필요가 있는 문제다. 인류사가 시작된 이래로 '가족 동반자살'은 양의 동서를 막론하고 아주 장구한 시간에 걸쳐 이루어져 왔다. 그것이 특히 빈번하게 이루어졌던 것은 우리가 '고대'에서 '중세'로 일컫는 시간이었다. 『자살백과』의 저자인 마르탱 모네스티에의 조사에 따르면, 이러한 예는 결코 드문 일이 아니었다. 그런데 대개 이 시기에 이루어졌던 '가족 동반자살'은 많은 경우 '전쟁에서의 패배'나 '종교적 탄압'과 같은 것이 주된 요인이었다. 바꿔 말해 이러한 방식의 동반자살이란, 도래할 것이 분명한 물리적인 타살에 직면하기 전에, 앞서 치르는 '자기 타살'이다.

　그러나 최근 한국 사회에서 이루어지고 있는 가족 동반자살은 목숨이 결정적으로 위협받는 전쟁이나 종교적 탄압 시의 죽음과는 무관한 '경제적 생활고'가 초래한 것이라는 점에서 위의 경우와는 다르다. 그럼에도 불구하고 '가족 동반자살'이 빈번하게 일어난다는 것은, 자살의 주체들이 느끼는 현실에 대한 절망감이 '전쟁'이나 '종교적 탄압'에 직면했을 때의 '한계상황'과 별다를 바 없는 상태에 놓여 있다는 메시지를 우리에게 던져주고 있다. 그렇다고는 해도, 왜 그 죽음은 '가족'이라는 범주의 완전한 절멸이라는 방식으로 드러나야만 했을까? 왜 그 부모들은 자신들이 떠나간 이후에도, 어쨌든 세상의 일부로 존재해야 마땅할 자식들의 미래를 그토록 성급하게 비관적인 것으로 단정하고 또 봉쇄하고자 했을까?

　혹시 거기에는 '가족의 붕괴'를 자식들의 미래, 조금 거창하게 말하면 자식들이 살아내야 될 '세계의 붕괴'로 비관했던 부모들의 '가족 이데올로기'가 개입하고 있었던 것은 아닐까. 한국 사회에서의 '거품경제'의 붕괴가, 이데올로기적-담론의 층위에서 '가족주의'를 사회로부터 불어오는 거센 위협에 대한 '최후의 방파제'로 끈질기게 이상화했던 것을 우리는 잘 알고 있다. 사실상 현실의 층위에서 가족은 급진적인 해체와 형해화의 궤도를 따라 항진하고 있었지만, 가족은 사라져도 '가족주의 이데올로기'는 오히려 견고해진다는 기이한 신화는 지속적으로 재생산되었던 것이다. 해체되는 '가족'은 '가족주의'라는 환상성(또는 판타지)에 의해 간신히 대사회적 절망감과 불안감을 견뎌내게 만들었지만, 오히려 사회로부터 불어오는 거센 폭풍은 이 최후의 방파제마저 급진적으로 붕괴시켜버린 것이다. 이 '사회적 붕괴감a sense of collapse'이 부모들의 '자아의 붕괴감'을 증폭시켰고, 그것이 다시 '정서적 동일시'로부터 분리될 수 없는 자식들과의 '동반자살'을 감행하게 만들었던 것이 아니었을까.

사진 속의 선생님들

　어느 날 우연히 보게 된 조간신문 속 한 장의 사진이 오래도록 내 눈길을 머물게 했다. 그 사진 속의 사람들은 손목과 허리에 포승줄이 묶여 있었다. 그런데 그 상황과는 자못 이질적인 환한 미소가 프레임 밖으로 번져 나오는 듯, 그렇게 화창한 것은 다소 기이해 보였다. 교육인적자원부가 주최한 교원평가 공청회의 진행 와중에 신속하게 구속된 이민숙 전교조 대변인을 포함한 세 사람의 교사였다.

　그리고 다시 어느 날, 나는 또 한 장의 사진을 물끄러미 쳐다보다가 괴로운 느낌에 빠져들었다. 한 손에 든 꽃은 힘없이 고개를 숙이고 있었는데, 꽃을 든 사내의 표정은 더없이 착잡해 보였다. 급식비 유용 등 재단 비리를 폭로한 이유로 동일여고에서 해직되었던 박승진 교사의 사진이었는데, 함께 해직당한 음영소·조연희 교사의 어두운 표정도 함께 보였다. '복직 명령에도 교문은 열리지 않았다'. 보도기사의 제목은 그렇게 써 있었다.

　또 한 장의 사진도 오래도록 쳐다보았다. 한 사내가 피켓을 목에 걸고 검게 그을린 얼굴로 대법원 앞에 서 있었다. 표정이 밝을 리 없었는데, 그는 '수학자는 왜 싸우는가'라고 세상을 향해 벌써 1년 넘게 질문을 던지고 있었다. 1996년 대학별 본고사 입시문제 오류를 지적한 뒤, 석연치 않은 이유로 재임용에 탈락했던 김명호 전 성균관대 수학과 교수의 1인시위 광경을 담은 사진이었다.

그 사진 속의 사람들은 모두 '선생님'들이었다. 호송차를 타고 구치소로 가고 있는 교사들, 닫힌 교문 앞에서 고개를 떨구며 단식농성장으로 돌아가고 있는 교사들, 대법원 앞에서 묵언의 시위를 벌이고 있는 해직 교수. 그들에게 학교는 가없이 멀고, 감옥과 천막과 거리는 싸늘하게도 가까웠다.

겸연쩍게도 해직 교수인 나에게도, 꿈속에서 가끔 학생들과 강의실과 다른 선생들이 보일 때가 있다. 그러나 법원을 들락거리게 되자, 부조리한 세상에서 좋은 선생으로 살겠다는 희망이 대체로 무모해 보인다는 느낌에 빠져들게 되면서 마음이 아픈 잇몸처럼 시려왔다. 무슨 거대한 신념 때문이 아니라, 교육의 가장 근원적인 가치일 사람에 대한 열린 마음가짐과 관용이 시대착오로 전락하는 것은 아닌가 하는 아이러니의 강퍅함 때문일까.

교육개혁을 하겠다는 이 정부에서 선생들에게 함부로 포승줄을 묶는 일이 여전하고, 교권과 학습권을 보호해야 할 교육부가 발홍하는 비리사학을 방치하고, 공명정대해야 할 법원의 저울추가 힘 있는 자들에게 기울어가는 것처럼 자주 느껴질 때, 이 시대에 가르치고 배우는 일은 과연 성립 가능한 개념인가. 때때로 비통하게 자문해본다.

교육의 근원적인 의미를 떠나, 상식이 현실에 의해 배반당하는 것이 일상화된 오늘의 상황이 의문스럽다. 동시에 우리가 교양시민으로서 믿고 싶은 진실이, 한 사회의 관행과 통념과 습속들에 의해 조소당하는 뿌리 깊은 관성에 대해 생각해보곤 한다. 학교에 있어야 할 선생들이 감옥과 거리와 법원으로 흩어지고, 어린 학생들이 늦은 새벽까지 사설 입시학원에서 코피 흘리는 오늘.

지성에 대한 존중은 간데없고 잘 포장된 통조림 깡통 같은 맞춤형 지식이 우대받는 사회. 현실에 대한 사유조차도 대치동 학원가에서 속성으로 모의고사를 치르는 학생들. 초등학생조차 대학입시 때문에 논술시장으로 내몰리는가 하면, 짝 잃은 외기러기처럼 기어이 국경을 넘고자 하는 디지털 맹모삼천지교 시대의 기묘한 교육 노마디즘nomadism.

참다운 교육의 가치는 어디서 졸고 있는가. 눈 뜨라. 2006. 11. 2.

발표하거나 죽거나!

이런 관용구를 들어봤는지 모르겠다. '발표하거나 죽거나!' 몇 해 전, 미국에 유학 중이던 한 후배가 방학을 맞아 일시 귀국했다. 귀국해서 나를 만나더니, 하는 말이 미국 대학의 불문율 중의 하나가 '발표하거나 죽거나!'라는 것이었다. 요컨대 미국의 대학에서 살아남는 길은 논문을 얼마나 부지런히 발표하느냐에 있고, 그것이 충족되지 않을 때 학계에서 사라지는 것은 아주 당연한 일이라는 뜻이 거기에 담겼단다.

이게 어디 미국 대학만의 일일까. 이즈음 한국의 대학교수들 역시 이 명제를 충족시키기에 안달이다. 언제부턴가 우후죽순으로 전국 단위의 학술지가 연이어 창간되고 있다. 학술지도 '등재지'니 '등재후보지'니 하는 등급이 매겨져, 이외의 학술지는 쓰레기 취급을 받는다. 흥미로운 것은 이 학술지를 주관하는 학술단체의 회원들이 대체로 중복 출연할 운명에 처해 있다는 것이다.

이른바 교수 신규채용으로부터, 재임용과 승진을 위한 업적평가의 근거로 이 '발표하거나'를 강조하다 보니, 한 사람이 여러 학술지의 회원이자 이사이기도 한 학술지들이 부지기수로 늘어간다. 그래서 과거 같으면 도대체가 같은 학술회의 장소에서 격론을 벌일 수 없을 것 같은 극우로부터 극좌에 이르는 연구자들이, 교수들 특유의 겸양어법으로 '지적 유희'에 골몰하는 것을 우리는 종종 볼 수 있다.

'발표하거나'의 관행이 교수들의 연구업적의 향상을 가능케 한 측면이 있는 것이 사실이지만, 그 해악 역시 만만치 않은 상황에 처했다는 점은 자주 지적되어 왔다. 내가 알고 있는 한 선배 교수가 그런 경우다. 이 교수의 필생의 연구주제는 한국 근대문학사에서 걸출한 소설적 성과를 낸 작가였다. 분단의 비극으로 1980년대 후반까지 남한에서는 언급조차 안 되었던 이 작가에 대한 치밀하고 실증적인 연구, 또 사상사적 연구에 온 힘을 기울였다. 그 연구의 과정에서 학계에 제출된 저작 역시 학계에서는 물론 매우 높은 평가를 받았다.

문제는 이 교수가 '발표하거나'의 강박적인 학계 풍토, 그 자동화한 논문 쓰기의 속도성을 거스르는 완미한 연구를 지속했다는 점에 있다. 그러니 대학 종합평가니, 교수 업적평가라는 구실로 '발표하거나'의 원칙을 강제하는 제도학계의 시스템에 순응하는 것은 어려운 일이었다. 대단히 존경할 만한 선배 학자이고, 그 학문적 업적 역시 높은 수준에 있는데, 정작 대학 당국에서는 발표한 논문 수가 적다며, 모욕적인 발언을 일삼았다.

학문 후속 세대라고 해서 예외는 아니다. '발표하거나' 원칙을 준수하기 위해, 학계에서 이들의 입지는 더욱 좁아졌다. 기성학계의 관성을 거슬러, 야심차고 도전적인 연구태도를 취하는 일은 거의 불가능해졌다. 80년대를 기점으로 폭발적으로 확산되었던 학문과 현실을 접목시키려는 실천적 연구와 자생적 연구모임은 빠른 속도로 붕괴되었다. '죽거나!'도 감수할 수 있었던 젊은 연구자들의 비판적 문제의식은 제도의 마술적 순응효과로 말미암아 무력화하고 있다. 붕어빵 또는 국화빵 같은 고만고만한 논문이, 이른바 '등재지' 수록 논문이라는 추파와 과시 속에서 아무도 읽지 않는 학술지에 발표되고 있다.

대학은 '발표하거나'의 공화국이 되었다. 공화국이란 표현은 아름답지만, 그 공화국은 또한 '지식인의 무덤'이기도 하다. 그렇게 '발표하거나'의 공화국은 저 낮고 낮은 현실의 비명과 고통과 신음, 그리고 땀 흘리고 피 흘리는 중첩된 모순과 무관하게, 오늘도 쾌적한 비누냄새로 가득하다. 아, 그렇게 쾌적한 '지식인의 무덤'이다. 2006. 4. 15.

"일본에는 아이러니가 없다." 이 문장은 일본의 문학비평가 가라타니 고진의 것이다. 『근대문학의 종언』이라는 문제적인 평론에서 일본문학의 종말을 그는 이렇게 표현했다. 그렇다면 근대문학의 종말과 아이러니 사이에는 어떤 관계가 있을까? 나는 '고통을 자각하는 의식'의 강렬함이 문제 된다고 생각한다.

아이러니는 주체와 세계의 부조화와 괴리에서 파생되는 미묘한 감각이다. 현진건의 단편 「운수 좋은 날」에 등장하는 인력거꾼의 하루는 우리가 익히 알고 있는 아이러니의 전형이다. 오늘따라 참 돈이 잘 벌린다. 한 손님이 내리면, 연이어 다른 손님이 인력거꾼을 청하고 게다가 요금도 두둑하게 받는다. 그러나 이 일시적인 행복감의 배후에는 굶주림 속에서 홀로 죽어가는 아내가 있고, 개선의 여지를 모르는 한 시대의 총체적인 빈곤이 숨어 있다. 스스로를 운수가 좋다고 말하면 말할수록 인력거꾼의 상황적 비극은 밀도가 높아지는데, 정작 비극의 주인공이 자신인 줄 모르고 헤헤거리는 것은 인력거꾼 그 자신이다. 소설 속의 인력거꾼은 아이러니를 모른다. 반대로 그것을 몸으로 느끼는 자는 인력거꾼의 상황 전체를 통찰하고 있는 우리 독자들이다.

아이러니가 사라진다는 것은, 괴로움을 온전한 괴로움으로 느껴야 할 주체의 의식이 무감각 상태로 빠진다는 것을 의미한다. 스스로의 고통은 물론 타인의 고통에도 지극히 무심한 냉소적 인간의 출현이 가능해진다. 냉소적 인간에게 소통이란 있을 수 없다. 마찬가지로 고통의 불감증 환자가 제대로 된 환희의 희열을 알 수도 없다. 고통을 자각하는 의식이 집단적으로 실종된 사회에서 호모 에티쿠스(윤리적 인간)의 멸종은 자연스러운 일이다.

가라타니의 진술은 일본적 지성의 무책임, 괴로움을 자각하는 의식의 실종, 이로 인한 타자와 공동체에 대한 관심의 전면적인 퇴각에서 비롯된 일본문학의 종언이라는 궤도가 단지 일본적인 것에 머물지 않고 지구적인 공통 상황이 되었다는 비관적 진단으로 내게는 보인다.

그렇다면 내가 살고 있는 한국에는 아이러니가 있는가? 적어도 상황의 측면에서만 보자면 넘쳐나는 것이 그 아이러니란 것이다. 문학의 위기를 논하는 담론이야말로 문학 담론의 매우 중대한 비중을 차지한다. 이 자체가 아이러니다. 교육의 개혁을 이야기하는데, 듣다 보면 학교를 회사로 만들자는 이야기다. 이 역시 아이러니다. 혁신의 전도사로 운위되었던 사람이 관행을 역설하면서 자신을 변호한다. 아, 놀라운 아이러니다. 학교의 비리를 고발하고 교과운영의 정상화를 외치는 교사와 교수들이 정작 학교에서 추방당한다. 참으로 흔한 사학의 아이러니다. 죄의 경중을 판단했던 판관이, 검찰 앞에서 자신의 범죄에 대해 고백해야 한다. 흔하진 않지만 실제로 벌어지고 있는 아이러니다.

그러나 이 점증하는 상황의 아이러니와 무관하게, 주체의 측면에서 보자면 우리 사회를 점차로 장악해가는 것은 고통을 자각하는 의식의 무감각 상태, 즉 의식의 사물화라 아니 할 수 없다. 타인의 고통에 무감각해지고, 그것이 다시 자기 고통을 휘발시키는 판단의 회피를 동반하고, 이를 통해 다만 '오늘도 무사하기를' 마음속으로 다짐하면서 세상을 향한 눈과 귀를 닫아버리는 아이러니의 총체적 실종.

가라타니는 그래서 일본문학이 종언을 고했다고 말하지만, 반대로 나는 바로 그렇기 때문에 한국문학이 분발해야 한다고 생각한다. 고통의 불감증이 한 시대감각의 표준모델이 되고 있다면, 문사들이여, 우리들의 문장은 송곳처럼 날카로워져야 한다. 벌침처럼 따가워져야 한다. 흐드러진 미문 따위야 파지와 함께 쓰레기통에 버려야 한다. 아이러니다. 2006.8.10.

노인들은 말할 수 있는가

죽어도 좋다고 고백했지만, 외설이 되어버렸다. 영화 〈죽어도 좋아〉를 둘러싸고 일어났던 논란은 그렇게 조용히 잊혀져가고 있다. 그러나 이 영화가 우리에게 제기했던 의제들, 즉 노인들의 사랑과 욕망을 둘러싼 논의는 여전히 중요한 문제다. 노인老人으로 명명된다는 것은 무엇을 의미하는가. 오늘날 그것은 결코 가치중립적인 의미를 뜻하지는 않는다. 그 표현이 가치중립적이라면, 우리가 구태여 '어르신'이라는 수직적 위계를 내포한 표현이나, '실버'라는 우스꽝스러운 외래어를 사용할 이유가 없다. 우리들이 사용하는 '노인'이란 표현 속에는 미묘한 '멸시'의 감정이 배어 있다.

현대적 재현체계, 이를테면 '노인'의 이미지들을 생산해내는 미디어의 획일성에도 주목할 필요가 있다. 그 재현된 이미지 가운데 대표적인 것들, 가령 탑골공원에 비둘기처럼 모여 있는 나른한 오후, 중풍과 치매와 등창으로 버무려진 병적 메타포, 그 바보스러움을 웃음의 근거로 삼게 만드는 코미디 프로에 재현된 노인들의 이미지는 많은 경우 어떤 '불모성'의 아우라와 결합하고 있다. 노인은 우리의 분명한 '미래'이지만, 마치 죽음이 그러한 것처럼 '젊음의 신화' 속에서 매끄럽게 지워지고, 배제되고, 망각되는 것이 분명해 보인다. 노인들은 다수이지만, 그들이 처해 있는 상황은 많은 경우 사회적 '소수자' 또는 '하위 주체'들과 유사한 상황에 처해 있는 것처럼도 느껴진다.

현대적 재현체계에서 노인들은 자주 '내면'이 없는 존재로 다루어져 왔다. 그들이 유일하게 인간다운 '내면'의 소유자로 등장했을 때, 그것은 많은 경우 '임종'과 관련된 사건 앞에서였음을 우리는 기억할 필요가 있다. '내면'이 없는 존재로 다루어져 왔다는 것은 곧 욕망이 부재하는 존재로 간주되었음을 의미한다. 노인들을 둘러싼 다채로운 현대적 재현체계는 항상 '현재의 노인'들로부터 달아나 찬란했던 '과거의 청년 시절'로 회귀하는 것을 당연시했다. 문학이라고 해서 예외일 수는 없었다. 한국의 근·현대문학에서 우리가 '노인 문학'이라 규정할 수 있는 일련의 양식화된 계보를 추출할 수 없는 것은 이런 까닭이다.

물론 약간의 희망이 없는 것은 아니다. 원로 소설가 박완서의 몇몇 작품에서 '노인'들의 생생한 현실과 조우할 수 있기 때문이다. 박완서의 소설집 『너무도 쓸쓸한 당신』에 수록된 몇몇 작품들에는 기왕의 재현체계와는 이질적인 욕망의 담지자로서의 노년 세대가 당당히 주인공으로 등장하고 있다.

이 소설들이 가지는 유의미성은 그간 '불모성'의 영역으로 간주되던 노년 세대의 일상이 '노인 문제' 아닌 '인간다움'의 차원에서 조명되고 있다는 점에 있다. 특히 「마른 꽃」 「길고 재미없는 영화가 끝나갈 때」 「너무도 쓸쓸한 당신」 등의 뛰어난 소설에서 발견되는 삶과 죽음에 대한 날카로운 시선은 주목할 만하다. 이 소설들에서 일차적으로 강조되는 것은 명백하게 쇠락해가는 노인-육체의 징후들이다. 「너무도 쓸쓸한 당신」에서의 다음과 같은 묘사를 보라: "팬티만 입은 남편의 하체가 보기 흉했다. 넓적다리에 약간 남은 살은 물주머니처럼 축 처져 있었고, 툭 불거진 무릎 아래 털이 듬성듬성한 정강이는 몽둥이처럼 깡말라 보였다. 순간적으로 닭살이 돋을 것처럼 혐오스러웠다." 늙어버린 남편의 육체에 대한 혐오는, 뒤집어 보면 자신의 메마른 육체에 대한 연민과 연결된다고 보는 것이 타당할 듯하다.

이 소설 속의 주인공들은 젊음의 세월을 정신없이 지나온 후, 이제 정년퇴직을 눈앞에 둔 남편과 아내이다. 이들에게 지나버린 젊음의 시간은 그들의 것이 아니었다. 그들은 자녀의 양육과 결혼, 그리고 독립과 입신의 세월을 지켜보는 것이 자신들의 욕망이었다고 간주하며 살아온 구세대들이라고 할 수 있다. 그런데 이 소설 속의 노인들은 현실 속에서 우리가 흔하게 발견할 수 있는 사람들, 즉 돌격대식 '근대화 이데올로기'를 뿌리 깊게 내면화시킨 우리의 부모 세대들이다. 돌격하듯 앞만 보고 뛰어가는 자의 '내면'이 풍부하기를 기대하기는 힘들다. 게다가 그들 세대에게 '가족 이데올로기'는 거의 본성과도 같은 것이어서 '개인'의 욕망은 언제나 '가족'이라는 수로로 흘러들어간다. 그들은 생의 각 국면에서 스스로의 욕망을 철저하게 자기화해본 적이 없는 존재들이다. '나'의 욕망이 문제 되지 않는다는 것도 그렇지만, '부부'의 욕망이 뜨겁게 향유되지 못했다는 점도 문제 삼을 만하다.

노년이 되었지만, 이때에 이르러서야 비로소 욕망의 문제에 대해 사유하게 되었다는 점에 박완서 소설의 일반적인 특징이 있다. 그런데 늙어버린 배우자의 육체를 발견한 순간, 그들이 느끼는 것은 '혐오'이다. 그 혐오가 욕망의 성취를 가로막으며, 그들의 시선을 다시 과거로 이끌게 된다. 박완서의 소설에 비친 노부부의 일상은 많은 경우 '젊음의 결여태'로서의 의미를 갖게 되거니와, 노인으로서의 현재의 삶에 대한 결핍, 혐오, 불안, 공격성의 양상을 강렬하게 드러낸다. 그런데 이 공격성의 강도가 높으면 높을수록, 그것은 그만큼 그들의 현재적 삶에 대한 욕망이 여전히 강렬하다는 것으로 이해될 수 있다. 그러나 그것이 온전히 부정적인 것은 아니다. 출구를 찾지 못한 욕망의 끝에서, 이 노년 세대의 주인공들은 일정한 '성찰성'의 경지에 이르기 때문이다.

「마른 꽃」의 주인공이 고백하는 다음과 같은 발언을 참고할 필요가 있다: "정욕이 눈을 가리지 않으니까 너무도 빠안히 모든 것이 보였다. 아무리 멋쟁이라 해도 어쩔 수 없이 닥쳐오는 늙음의 속성들이 그렇게 투명하게 보일 수가 없었다. (……) 그런 것들을 아무렇지도 않게 견딘다는 것은 사랑만 있다고 되는 것이 아니다. 적어도 같은 아이를 만들고, 낳고 기르는 그 짐승스러운 시간을 같이한 사이가 아니면 안 되리라." 이 발언 속에서 우리가 유추할 수 있는 '늙음의 속성'이란 삶에 대한 혜안 정도로 요약될 수 있을 것이다. '짐 승스러운 시간'으로 표현되고 있는, 시간 속에서 성숙하는 의식의 변화를 사랑과 욕망, 그것을 감싸고 있는 삶의 전체성으로 통합하는 '성숙'의 관점이 돋보인다. 쇠락한 육체의 표면이 상기시켰던 혐오감이 삶의 심층에 대한 성숙한 인식으로 확장되는 양상이 이 소설에는 잘 드러나고 있다.

근대 이전의 다채로운 서사물에서는 지금 우리들이 '노인'으로 부르는 이미지가 대부분 현자賢者로 표상되었다. 민간설화에 빈번하게 등장하는 산신령들의 그 유쾌하게 흩날리는 하얀 수염에서도 우리들은 그러한 이미지의 흔적을 유추할 수 있다. 많은 경우, 현자들에게서 우리가 욕망의 흔적을 찾아보는 것은 어려웠다. 그들은 욕망을 철저하게 비움으로써, 특별한 존경과 신뢰의 대상이 될 수 있었다. 현자로서의 노인의 이미지를 붕괴시키는 데 가장 화려한 기여를 한 것은 물론 물신화된 자본주의의 생리일 것이다. 화폐-자본이 물신화됨으로써, 노동력의 질적·양적 증대의 주요한 원천으로 젊음이 강조되는 것과 동시에 노인들의 몰락은 필연적으로 가속화되었던 것이다.

그러나 노인을 '불모성'과 관련시키는 것도 문제지만 막연하게 '현자'의 이미지로 이상화시키는 것 역시 문제가 아닐 수 없다. 중요한 것은 현실 속에서 생생하게 살아 움직이고 있는 노인의 '내면'과 '욕망'에 대해 도무지 우리가 아는 것이 별로 없다는 사실에 있다. '우리들의 미래'일 그들이 무엇을 생각하는지, 무엇과 갈등하는지, 또 무엇을 향해 움직이는지 우리는 이제부터라도 심각하게 물음을 던져야 한다. 물론 몇몇 소수의 예술가들이 이러한 작업을 시도하고 있다. 그런데 우리가 종종 망각하는 것은 우리 시대의 '노인'이 결코 균질적인 범주로 규정될 수 있는 주체는 아니라는 사실이다. 이 차이와 비균질성에 대한 생생한 확인은 그들의 '고백'으로부터 얻을 수 있다. 재현의 문제도 중요하지만, 고백의 문제도 심각하게 음미될 필요가 있다.

이주노동자와
지구적 시민권

일본의 오사카에는 과거 이카이노로 불렸던 지역이 있다. 일종의 코리아타운이라고 할 수 있는데, 전반적으로 퇴락한 느낌을 주는 작은 마을이다. 이 마을을 중앙으로 관통하는 거리에는 재래시장이 있다. 이 시장에서 판매되는 물품은 대개가 한국음식들이다. 배추김치와 깍두기, 총각김치 같은 것들이 진열대에 가득하고, 한국에서 판매되는 라면과 같은 물품도 있는 곳이어서, 일본어로 쓰여있는 상품명만 제외한다면, 한국의 재래시장에 있는 것 같은 착각이 들기도 한다.

특이한 것은 거리의 중간에 돌하르방이 있다는 점인데, 이는 이카이노의 교포들 가운데 많은 수가 일제강점기와 제주 4·3항쟁의 와중에 대거 오사카로 온 제주인의 후손이기 때문이다. 그러나 이렇게 퇴락한 이카이노 지역 역시 한때는 매우 흥성흥성한 거리였다. 이 거리가 퇴락한 것은 재일 조선인을 국적 없는 체류자로 전락시킨 일본 정부의 조선 민족 차별정책이 가장 큰 이유다. 귀화하지 않는 이상 오늘의 재일 교포들은 모두 외국인 체류자들이다. 그래서 일본에서 태어나고 일본어를 모어로 성장한 재일 교포들조차, 직업 선택의 자유 및 투표권을 포함한 일본 내의 시민적 자유는 완전히 제한되고 있다.

게다가 이카이노의 조선인들은 지난 역사 속에서 고국인 한반도에서 벌어지는 체제 경쟁과 갈등의 비극적 역사를 고스란히 반복했다. 북쪽의 국적을 선택한 재일 교포들과 남쪽의 국적을 선택한 재일 교포들은 머나먼 이국땅에서, 남과 북의 정치적 풍향이 가파르게 전개되는 상황 앞에서 이카이노의 교포들의 삶은 격렬하게 요동치곤 했다. 자연히 작은 마을 안에서도 정치적 조국의 차이가 재일 교포로서의 정체성을 분열시키는 계기로 작동했던 것이다. 그런데 여기에는 제3의 고민을 하는 교포들도 존재한다. 그들은 이른바 자이니치在日라고 스스로를 명명하고 있는 조선인들이다. 이들의 국적은 한국도 아니고 북한도 아니다. 어느 국적도 선택하지 않았다는 점에서 이들은 무국적자이지만, 일본 정부는 이들을 '조선적朝鮮籍'이라고 명명했다. 이제는 사라져버린 역사 속의 조선인으로 머물고 있는 이들은 일본 사회 안에서 일종의 섬처럼 고립된 상황에 갇혀 있다.

이들은 남북한의 체제 경쟁기에 마치 『광장』의 주인공 이명준이 그러했던 것처럼, 어느 체제도 선택할 수 없었던 사람들이다. 그들은 자신의 고국을 한반도라고 생각하지, 갈라진 남한과 북한이라고 생각하지 않는다. 바로 그런 까닭에 이들은 역사 속에서 한 체제의 선택을 극단적으로 강요받았던 아픈 역사를 고스란히 견뎌왔다. 북한의 유일체제도 남한의 독재체제도 수용할 수 없었던 이들은 돌아갈 조국이 없는 것은 물론 자신이 정주하고 있는 지역에 스스로를 통합시킬 수 없는 찢긴 자의식 속에서 지난 연대를 겪어왔다. 그런데 스스로를 자이니치로 명명하고 있는 이 사람들이야말로 근대 국민국가의 성립과 이에 따른 국적이라는 정체성의 부여, 이를 통한 내국인과 외국인의 경계구획을 통한 구조적 차별을 양산하는 오늘의 세계에 대한 가장 강력한 은유라고 나는 종종 생각해왔다. 이러한 생각이 진전되면서 나는 오늘의 국적을 중심으로 부여되는 시민적 권리의 자의성에 대해 생각해보곤 했다.

오늘의 세계화는 자본의 경계선은 빠른 속도로 철폐하면서도, 그 경계선 안의 사람들에 대해서는 제한적으로만 이동을 허용하는 국경의 '낙차'를 통해 경제적 이윤을 창출하는 구조다. 그런 사정 때문에 저임의 노동력은 남반구에서 북반구로, 동구권에서 서구권으로 이동한다. 아시아권에서도 한국을 포함한 동북아시아로의 유입이 가파르게 전개되고 있다. 오늘의 한국은 이주노동자의 저임 노동력을 기초로 제조업의 근간을 유지하고 있고, 이를 통해 가격경쟁력을 높이려 하고 있다. 그러면서도 이들 이주노동자들에게 법적으로 3년 이내의 단기 노동만을 허용하고 있으며, 직업 선택의 자유를 포함한 시민적 권리를 전혀 허용하지 않고 있다. 이 때문에 발생하는 반인권적 문제에 대해서도 당국은 눈을 감고 있다.

자이니치의 차별적 구조는 물 건너 일본에만 있는 것이 아니고,

이곳 한국에서도 엄연히 존재하고 있다. 이런 상황 속에서 내가 고민하는 것은 국적을 중심으로 작동하는 근대적 '시민권' 개념이 오늘과 같은 세계화 시대에 여전히 유효한가 하는 문제이다. 오히려 필요한 것은 '세계 인권' 또는 '지구적 시민권' 개념의 재구성이 아닐까. 한국인들이 앞장서서 이러한 탈근대적 가치를 재구성한다면, 그것은 얼마나 아름다운 무지개 정책일까. 2007. 12. 11.

그들이 내게 가르쳐준 것

한 대학에서 문학이론을 강의하다가 카를 마르크스의 이런 경구를 만났다. "인간의 존재를 결정짓는 것은 인간의 의식이 아니다. 오히려 인간의 사회적 존재가 인간의 의식을 결정짓는다." 그때 몇몇 학생은 책상 위에서 까무룩 잠에 빠져 있었다. 졸고 있다는 것 역시 사회적 존재를 형성시키는 상황의 일부를 이룬다. 그들에게도 그 상황이 결정하는 고유한 의식이란 것이 있을 듯. 깨울 필요 없다고 생각했다.

그런데 조는 학생의 책상 위에는 빅터 프랭클의 『죽음의 수용소에서』라는 책이 놓여 있었다. 마르크스와는 반대로, 이 책의 저자는 인간의 의식이 사회적 존재를 결정한다고 말한다. 그는 아우슈비츠에서 기적적으로 살아남았다. 그는 아우슈비츠라는 야만 속에서 인간다움의 품위, 희망이라는 의식을 견지함으로써 자유인이 되었다고 말한다. 수용소에서는 극소량의 물이 배급되었다. 그 물을 생물학적 갈증의 해소에 사용했던 동료들은 끝내 수용소에서 병사했지만, 기이하게도 그 물로 인간다움의 품위를 유지하고자 제 몸을 씻었던 자신과 동료들은 살아남았다는 것이다.

졸고 있는 학생의 빅터 프랭클과 깨어 있는 학생들의 카를 마르크스 사이에서, 나는 선생 특유의 타협안을 제시했다. 인간은 의식으로 사회적 존재를 변화시킬 수도 있고, 반대로 사회적 존재가 의식을 결정하기도 하는 다층적 존재다. 마르크스나 프랭클이나 이 점을 모두 알고 있었다. 그러나 삶의 어느 국면에서 이 두 사람은 한 가지 선택을 해야 했다. 자신의 삶과 그것을 둘러싸고 있는 세계의 모호성을 자기 식으로 지양해야 했기 때문이다.

때때로 청춘이 장전된 총알처럼 느껴질 때가 있다. 그런데 나아갈 과녁을 알 수 없는 총알 같은 삶이라면, 그 결과는 대체로 불행하다. 명중할 과녁이 없는 삶의 끝에는 무엇이 있을까. 테오 파드노스라는 미국의 한 인문학 전공자는 우드스턱 지방 구치소에서 미결수인 젊은이들에게 문학 강의를 했는데, 그 강의의 기억이 『장전된 총 앞에 서서』라는 책이다. 이 책은 과녁 없는 청춘의 실패가 인문학을 통해서, 자신의 사회적 존재를 더 나은 방향으로 끌어올리기를 꿈꾸었던, 또 다른 아름다운 실패의 기록을 담고 있다.

내가 이 책을 읽었던 것은 나 자신이 의정부 교도소에서 수용자들에게 문학을 강의하고 있기 때문이다. 서로 다른 죄명을 갖고 있으며 비교적 장기수인 수용자들에게 문학은 과연 무엇일 수 있을까. 얼 쇼리스가 『희망의 인문학』에서 말한 것처럼, 그들은 인문학을 통해 과연 무서운 상황의 힘에서 벗어날 수 있을까. 같은 인간으로서 나와 그들 모두의 인간적 존엄이 회복될 수 있을까.

윤동주의 「쉽게 씌어진 시」를 함께 읽어나가자, 한 수용자가 이 시는 윤동주의 내면적 성찰과 미래에 대한 희망의 모색으로 느껴진다고 말했다. 그러자 다른 수용자가 직접적인 실천을 할 수 없는 한 내성주의자의 독백이라고 말한다. 또 다른 수용자는 윤동주에게 동경의 다다미방은 감옥과도 같은 것이었다고 말한다. 교도관도 열띤 토론에 동참했다. 적어도 강의가 진행되는 그 두 시간 동안, 그들과 나 두루 순간적으로 우리의 사회적 존재를 잊었고, 인간으로서의 품위를 회복했으며, 우리가 함께 있는 교도소라는 장소의 성격을 마술적으로 바꿔냈다고 생각한다.

나는 세계에 대해서는 다소 비관적이지만, 적어도 사람에 대해서는 낙관주의자다. 그것은 이 세계의 비참을 강화시키거나 약화시키는 것 모두 사람의 몫이기 때문이다. 카를 마르크스와 빅터 프랭클이 그것을 내게 가르쳐주었다. 2007. 3. 28.

힘내라,
사회과학!

한때이긴 하지만 한국에도 이른바 '사회과학의 시대'가 있었다. 1990년대 초반을 기점으로 대중적인 관심에서 멀어지긴 했지만, 과거 민주화의 시기 동안 한국의 사회과학은 대중에게 뜨거운 독서와 토론의 단서를 제공했다. 학교와 공장에서, 그리고 주점과 카페에서 대중은 한국 사회의 성격에 대해서 논의하거나 한국 민주주의의 바람직한 미래에 대해 고뇌하는 것을 자연스럽게 생각했다.

그러나 이른바 '형식적 민주주의'가 완료되었다고 주장하는 시기를 지나면서, 사회과학에 대한 대중의 열기는 차갑게 식어버렸다. 대학문화의 유력한 상징이던 사회과학 서점을 유지하는 일도 대학생들의 무관심 탓에 갈수록 어려워지고 있다. 사회과학이 사라진 자리를 대신한 것은 한국적 스노비즘이었다. 구제금융기를 거치면서, 겁먹은 대중은 서둘러 재테크와 처세술로 관심을 돌렸다. 공적인 관심 대신 일단 나부터 살고 보자는 정보화 시대의 더 과격해진 피난민 의식이 집단적으로 분출된 것이다.

사회과학을 헌신짝처럼 취급한 오늘의 한국 대중은 그래서 삶이 좀 더 행복해졌을까. 사정은 정반대인데, 사적 이해관계를 뛰어넘어 한국 사회의 성격과 자본주의에 대한 분석과 같은 공적인 동시에 거시적인 고민이 소멸하자, 체제는 제멋대로 대중을 선동하고, 때로는 모욕하면서 궁지로 내몰아가기 시작했다.

사회과학을 천대한 대중이 단기적인 이해관계에 집착하게 되면서 '정의'는 헌신짝처럼 버려졌으며 '자유'는 된서리를 맞았다. '민주주의'는 제멋대로 헌법도 바꿀 수 있는 '정치계급'에 의해 난파 직전에 있으며, 경국제세經國濟世의 큰 뜻을 품어야 할 경제는 카지노 자본주의와 기득 이권층의 손아귀에서 요동쳤다.

대중의 욕망을 탓하자는 것은 아니다. 요컨대, 중요한 것은 욕망과 함께 나란히 중요한 가치로 보존되었어야 할 시민적 책임과 사회윤리가 '굿바이 사회과학' 풍조와 함께 소실되었다는 점에 있다. 위기는 체제로부터 오지만, 그런 체제에 대한 지성적 통제를 가능케 할 사회과학에 대한 관심을 방기해버린 대중으로부터 오기도 한다. 거의 한계상황이라고 해도 좋을 오늘과 같은 총체적 전망 폐쇄의 현실 상황은 버림받은 사회과학이 이 시대의 대중에게 던지는 복수는 아닐까.

물론 비판은 사회과학의 주체에도 가해야 한다. 일단 사회과학자 자신이 대중에게 매혹적인 '문제 설정'을 제공해주었는지 자문해야 한다. 동시에 주류 사회과학의 파상적인 세력에 맞서, 소수일망정 대중과 밀착하여 '거리의 사회과학'을 탐구하고, 즉각적인 이론의 실현 가능성과는 별도로, 미래에 대한 비전과 열정을 촉진하는 담론을 생산하는 데 얼마나 관심을 기울였는지도 의문이다. 사회과학은 그 자체가 위기의 산물이다. 18세기를 경과하면서 방외인이나 체제에서 이격된 불우인들이 창안한 조선의 혁신적 사회과학, 즉 실사구시實事求是의 지적 전통은 오늘과 같이 위기에 빠진 한국 사회에서도 다시금 사회과학의 시대가 열릴 수 있는 가능성을 보여주는 단서이기도 하다. 사회과학자들은 당연히 분발해야겠지만, 대중 역시 거품경제의 혼미한 시간대에 결별했던 희미한 옛사랑의 그림자와 재회할 때가 온 듯하다. 힘내라, 사회과학! 2008. 10. 2.

한국어가 문제다

한 대학에 재직 중인 후배 교수를 만났더니, 다음 학기부터는 영어로 강의를 해야 한단다. 한국문학 강의를 한국인 학생에게 하는데, 좋은 우리말을 놔두고 웬 영어란 말인가. 어처구니없는 일이긴 한데 학교 방침이니 어쩔 수 없지 않으냐는 표정을 짓는다.

그 어쩔 수 없다는 표정이 요즘의 대학에는 가득하다. 이 어쩔 수 없는 교수들의 표정도 그러하지만, 그런 교수들의 강의를 어쩔 수 없이 따분하게 들어야 하는 학생들의 신세도 가련하다. '졸업인증제' 운운하면서 대학생들에게 반강제적으로 토익과 토플, 텝스 등의 일정한 영어 능력 검증을 도입하는 대학도 부지기수다.

외국인을 위한 한국어 강의도 아니고, 내국인을 위한 외국어 강의를 한다는 '역발상'이 마치 무슨 개혁인 것처럼 떠벌려지는 데서더 나아가, 어느 대선후보는 이제는 초등학교부터 영어 강의를 하게해야 한다는 우스꽝스러운 제안을 정색을 하고 주장하고 나섰다. 한 소설가가 그 대선후보에게 먼저 한글맞춤법부터 숙지하는 게 좋겠다고 말했다는데, 옳으신 말씀이다.

대학 시절, 나도 이른바 영어 강의란 것을 들어본 적이 있다. 이웃 학과인 영문학과에서 셰익스피어 관련 과목을 수강했는데, 자못 당당하게 "하우 아 유" 하고 인사를 하고 나면, 그다음부터는 우왕좌왕이었다. 영문학과니까 국문학과에 비하면 셰익스피어에 대한 좀 더 심층적인 논의가 가능할 것이라고 판단했지만, 결과는 자못 실망스러운 것이었다.

학생과 교수 사이의 기본적인 의사소통은 이른바 '보디랭귀지'라는 것이 있어 대충 가능했지만, 문제는 우리들의 셰익스피어였다. 그 학기 강좌 내내 학생들이 했던 공부란 셰익스피어 희곡에 등장하는 각각의 배역을 분담하고, 수업 내내 자신이 맡은 배역의 대사를 읽어내려가는 것이었다. 초등학교 시절 세로로 책을 세워 낭랑하게 소리 내어 읽던 국어 시간과 비슷했던 느낌이다.

그 반대의 경험도 요즘은 자주 하게 된다. 대학 간의 국제교류가 활발한 탓인지 많은 수의 외국인 유학생들이 한국 대학에 재학하고 있다. 내가 하는 강좌에도 외국인 학생이 여남은 명 있는데, 한국어 강의를 그들이 잘 소화하고 있는지 확신이 들지 않을 때가 많다. 대학원에 다닐 때도 외국인 동료가 여럿 있었는데, 그중의 몇몇 학생들은 수업시간 내내 사전을 찾느라고 정신이 없을 지경이었다.

외국인 처지에서 가장 어려운 것은 '문어'와 '구어'의 불일치, 언어의 맥락과 뉘앙스에 대한 인식의 어려움, 그리고 더 큰 의미론적 맥락으로서 한국 문화의 전개 과정에 대한 지식의 부재에서 오는 이해의 한계일 것이다. 언어를 하나의 도구로 생각하는 사람들이 많지만, 모든 언어는 그 언어를 사용해온 언어공동체 공동의 기억과 무의식을 켜켜이 축적하고 있다.

의사소통의 수단으로서 외국어를 학습하는 것은 필요한 일이다. 그러나 강의 장소에서 우리가 확인하게 되는 커다란 난관은, 모든 언어는 번역을 불가능케 하는 자체의 문법적·의미론적 자질을 무수히 내포하고 있다는 점이다. 그런데 이 번역이 안 되게 하는 언어적 요소들에 대한 깊은 이해가 동반되어야 고급 지식의 전달이 가능해진다. 문제는 오늘의 학생들이 실제로는 한국어 활용 능력, 더 나아가서는 고전 한국어의 기반이 되는 한자어 능력조차 매우 낮은 수준에 있다는 것이다. 영어가 문제가 아니라 한국어가 문제다. 흔하게 보는 청첩장에서조차 "아뢰올 말씀은 (……) 혼인을 하게 되었음을 아뢰옵니다" 식의 비문이 넘쳐나는 곳이 오늘의 한국 아닌가. 2007. 10. 24.

대학은 지성과 담론의 공간이다

"대학은 사회비판 담론의 산실이어야 한다고 생각한다. 지배적 이데올로기를 넘어서 비판과 저항, 그리고 대안담론을 담는 창조적 공간이다." 정년퇴임 고별강연에서 성공회대 신영복 교수가 한 말이다. 내게 이 말은 대단히 울림이 컸지만, 오늘의 한국 대학이 처해 있는 일반적인 상황을 지켜보고, 또 분규 대학의 한 교수로서 파행적인 대학 현실을 몸소 체험하고 있는 입장에서는 오히려 안타까움만이 증폭되는 것처럼 느껴졌다. 대저 대학이란 무엇인가.

대학의 기원은 교육을 위한 조합의 형식으로 나타났다. 학생조합universitas 중심의 대학은 주로 이탈리아와 남유럽에서, 교수조합collegia 중심의 대학은 알프스 북부 지역에서 나타났다. 이탈리아의 볼로냐대학은 학생조합이 중심이 된 대학이었고, 신학으로 명성이 자자했던 파리대학은 교수조합 중심의 대학이었다.

이렇게 태동한 대학들은 중세의 교권적 질서는 물론, 세속적인 봉건적 권력 모두에 대항하면서 대학의 자치권을 수호하기 위한 기나긴 투쟁을 전개했다. 때문에 대학은 어떠한 세속 권력이나 교회 권력도 침범할 수 없는 신성불가침한 권위의 공간이었을 뿐만 아니라, 한 시대의 지배적인 통념 모두를 근본적으로 성찰하고 비판할 수 있는 비판적 대안담론의 생성장소였다. 그것이 대학의 존재근거이자 실질적인 기능이었고 또 이념이었다.

한국의 대학 역시 얼마간의 한계에도 불구하고, 대체로 이러한 대학 본연의 기능에 충실해왔다고 볼 수 있다. 혹독한 정치적 기후 속에서도 대학이라는 지성의 공화국에서 학생과 교수 지식인들은 대안적인 지식과 비전을 구성하기 위한 창조적 공간으로서의 견결한 사명을 다해왔다.

그러나 오늘날 우리의 대학이 처해 있는 상황은 어떠한가. 가령 기나긴 학내 분규를 겪고 있는 동덕여대를 보라. 학생들의 자치조직인 총학생회를 대학 당국이 부정하면서 학내 분규를 더욱 악화시키고 있다. 왜 아무런 권리도 없는 대학 당국이 학생들의 자치조직에 대한 불신임 여론을 유포하는가. 고려대는 또 어떤가. 어떻게 대학 당국이 군사독재 시절에도 자행되지 않았던 '출교'라는 극단적 징계를 내릴 수 있는가. 또 왜 고려대의 교수들은 그런 학생들의 상황에 대해 집단적으로 침묵하고 있는가. 교수들 역시 월급쟁이로 전락하고 있는 건 아닌가.

특히 심각한 것은 '대학'과 '기업'을 구분 못하는 오늘의 교육 현실 전체이다. 신영복 교수는 "자본의 지배력이 점점 커지면서 대학마저도 자본논리에 편입되는 것 같아 안타깝다"고 말한다. 안타까움을 넘어서 이러한 현실은 우리에게 재앙으로 다가올 것이다. 오늘날 몇몇 큰 대학을 빼고는 이미 대학 전체가 '회사'가 되어버렸다. 대학의 명성을 좌우하는 것은 '취업률'이고, 교수의 능력을 평가하는 잣대는 '신입생 모집률'이며, 학생의 역량을 평가하는 기준은 차라리 '토익 점수'다. 그런 한국의 대학들은 대체로 '취업 준비 학원'으로 전락하고 있지만, 더 심각한 재앙은 교육시장 개방을 거세게 밀어붙이는 한미 자유무역협정이 체결되면, 이런 대학들조차 격심한 구조조정을 피할 수 없다는 사실이다.

독일의 사회학자 막스 베버는 대학은 학문이라는 유일신을 섬기는 곳이라고 말했다. 그런데 오늘날 대학의 유일신은 '돈'인 듯하며, 대학의 주인은 교수나 학생이 아닌, '상인'들 중에서도 자못 저열한 '간상배'들인 것처럼 느껴져 비통하다. 그렇다고 교수와 학생들이 그저 주저앉아야 할까. '창조적인 역발상'이 가능하다면, 오히려 우리는 이 시점에서 대학의 기원으로 다시 돌아가보는 것이 어떨까. '사회비판 담론의 산실'이자 '국제적인 지성주의'의 공화국으로 기능할 대안적 대학의 존재는 과연 몽상에 불과한 것일까. 2006. 6. 8.

그 장소에는
기억이 없다

동일한 공간이라 할지라도, 공간에 대한 개인적 인식의 편차에 따라 그것은 다르게 파악된다. 가령 나는 서울 연희동에 살고 있는데, 이 말을 듣는 사람들은 하나같이 전직 대통령인 전두환 씨와 연희동을 연계시킨다. 하긴 전두환 씨 말고도 이 동네에는 또 한 사람의 전직 대통령도 살고 있는데, 광주에서의 그 끔찍스러운 민중학살을 잊지 못하는 나는 연희동에 대한 사람들의 그런 표상체계가 영 마뜩지가 않다.

공간에 대한 이러한 인식의 차이를 로만 인가르덴이라는 서양의 철학자는 실존적 장소의식이라 명명한 바 있다. 그런 관점에서 보자면, 내게 연희동은 전두환 씨와는 하등 관련이 없는 치열한 생활의 공간이자 세상 공부의 현장이다. 이 생활과 세상 공부에 지쳐간다고 느껴질 때면, 마을을 병풍처럼 둘러싸고 있는 안산을 오르내린다. 그곳에는 또한 연희 104고지라는 팻말이 있기도 한데, 이곳이 한국전쟁 때의 격전지였다는 비석의 설명문을 읽고 보니, 내가 살고 있는 이곳은 또한 누군가 피 흘리며 죽어간 곳이라는 장소의식이 가슴을 치는 것이다.

한국의 기형적인 도시화는 과거의 흔적들을 워낙 매끈하게 지워나가는 것이어서 실존적 장소의식이라는 것을 인식하기 어렵게 만드는 듯하다. 언어 철학자인 루트비히 비트겐슈타인은 언어의 역사성을 옛 건축물과 새 건축물이 공존하고 있는 도시의 비유를 들어 설명한 바 있는데, 내가 살고 있는 서울에서는 비트겐슈타인 식의 도시 비유는 통용되기 힘들 것 같다. 부정하고 싶지만 한국의 도시화는 기억이나 역사로서의 실존적 장소의식과는 무관한 '부동산'으로 전락하고 있는 듯하다.

스모그의 지배 아래 있는 서울을 산책한다는 게 때로 내키지 않지만, 과거의 흔적이 미끈하게 지워진 서울을 거닐면서, 지나간 역사의 기억을 끈질기게 더듬는 것이 자못 훌륭한 교육의 일부라고 나는 종종 생각한다. 청계천을 거닐면서 전태일이 고통스럽게 살아내고 또 죽었던 근대화의 어둠에 대해 생각하거나, 박태원의 『천변풍경』에 묘파된 천변의 민중들에 대해 상상한다. 서울역과 한국은행, 그리고 신세계백화점이 있는 도심을 거닐면서, 경성의 도시화와 식민지 자본주의의 본질을 인식했고 또 절망한 모더니스트 이상의 비애에 대해 유추해보곤 한다.

남대문시장의 인파를 거슬러 남산에 오르면서, 일본의 소설가 다나카 히데미쓰의 『취한 배』를 생각해보기도 했다. 일본인의 눈으로 1940년대 경성의 풍속을 그려내고 있는 이 소설 속에 묘사된 남산은 식민통치의 이데올로기적 상징인 조선신궁과, 화려한 일본식 별장과 또 일본인을 상대로 했던 대규모의 공창이 있었음이 서술되어 있다. 이 소설 속의 화자는 절망과 퇴폐의 몸짓으로 남산을 오르지만, 민주화 시기의 남산은 많은 민주화 인사들에게 신념의 배반을 요구했던 고문의 상징으로 남아 있을 것이다. 그러나 오늘 그 자리에서 우리들이 발견하게 되는 것은 화려한 문명의 첨탑으로 서 있는 서울타워의 화려한 외관일 뿐이다.

오늘의 한국인들에게 공간은 더 이상 실존적 장소의식을 환기시키지 못한다. 오히려 집과 도시, 그리고 공간은 악무한적 투기와 인간적인 교류가 차단되어가는 소외의 공간으로 자리 잡고 있는 것은 아닐까. 그것은 우리가 살고 있는 이 자본제 질서가 강제하는 불가피한 현상일 수도 있지만, 문제는 이 불가피성을 뛰어넘어 집과 도시와 공간이 인간과 맺고 있는 관계의 근원성에 대해서 왜 교양시민일수록 오히려 청맹과니가 되고 있는가 하는 점이다. 집에 대한 의식의 부재라고 할까. 2006. 11. 23.

괘종시계
태엽을 감으며

그 괘종시계는 낡고 오래된 것이었다. 세이코라는 상표의 일제 시
계였는데, 아이로니컬하게도 그것을 서울 인사동의 골동품 상점에
서 구입했다고 한다. 내 아내의 친한 벗이 늦은 결혼을 축하한다며
어렵사리 구입해 우리 부부에게 선물한 것이다. 그러나 우리가 산사
에서나 경험할 법한 괘종시계의 타종소리를 듣게 된 것은 최근의 일
이다. 물론 그것은 괘종시계의 생리를 몰랐던 우리의 무지 탓이었
다. 감정 없는 건전지에 의해서가 아니라, 태엽의 동력으로 순환하
는 것이 괘종시계다.

그 시계의 태엽은 시침을 중심으로 오른쪽과 왼쪽 양방향에 있
었다. 나중에 동네의 시계방 주인에게 들으니, 시계의 태엽을 감을
때는 왼쪽의 것은 오른쪽으로, 오른쪽의 것은 왼쪽으로 공평하게
감아주어야 한다고 했다. 그런데 괘종시계가 우리 집에 도착한 첫
날에 아내는 양쪽의 태엽을 아무 생각 없이 오른쪽으로 감아버렸
다.

괘종시계는 임종한 듯 보였다. 시계불알을 경망스럽게 좌우로 흔들어보았지만 역시 미동도 없었다. 고시계 수리점에 가니 태엽이 끊겼다고 했다. 무리하게 태엽을 오른쪽으로만 돌린 탓인데, 안타깝게도 태엽의 부품이 없어 수공으로 부품을 다시 제작해야 한다고 했다. 한 달여 뒤에 돌아온 괘종시계는 창백해 보였다. 창백한 괘종시계의 양편의 태엽을 일주일에 한 번씩, 나는 공평하게 한 번은 왼쪽으로, 또 한 번은 오른쪽으로 돌려주었다. 이제 시계는 잘 돌아가고, 종소리는 명랑하다.

　괘종시계의 태엽을 좌우로 감으면서, 엉뚱하게도 나는 역사에 대해 생각했다. 신문을 읽으니, 일본에서는 아베 신조 관방장관이 신임 총리가 된다고 한다. 고이즈미 준이치로 시절, 미국의 대아시아정책 및 일본 자체의 북한 위협론에 기반해 여론몰이에 성공한 '평화헌법' 개정 문제가 탄력을 받을 것이 분명해졌다. 일본 사회의 태엽은 더 강력하게 오른쪽으로 감길 것 같다.

　중국이라고 해서 상황은 다른 것 같지 않다. 지난여름 며칠 중국을 방문해 보니, 애국주의가 국가적 화두가 된 것처럼 느껴졌다. 마치 지난 연대 한국의 속도전을 방불하게 하는 공업화의 정황을 상기시키듯 베이징의 하늘은 높은 습도와 스모그로 답답했고, 도시화에 따른 농촌 분해와 사회적 양극화는 빠른 속도로 진행되고 있었다. 이 양극화의 균열을 미봉하면서, 일체화된 국민적 이데올로기로 접합시키려는 시도가 애국주의로 보였는데, 화북지역의 오지조차 '항일 항전지 견학'이라며 낡은 관광버스가 빈번하게 오르내렸다. 중국 사회의 태엽도 한층 오른쪽으로 감기는 듯했다.

타이에서 발생한 군사 쿠데타는 21세기에도 여전히 정치군인들이 준동할 수 있다는 낡은 흑백영화의 돌연한 재현 같아 섬뜩했다. 남아시아의 지정학적 세력 균형 탓에 단 한 번도 외세의 지배에 노출되지 않은 타이는 기묘하게도 자체 민주제의 파행의 원인이자 결과인 군사 쿠데타로 국력을 지속적으로 낭비하고 있다. 태엽은 무리하게 오른쪽으로, 일방적으로 감기고 있는 듯하다.

한국에서는 연일 '라이트' '뉴라이트' 하는 단어들이 구호에 멈추지 않고 정치세력화하고 있다. 그 반면 민주화 세력은 사분오열되어 있는 듯하고, 마치 바이마르 공화국 시기 독일의 '보수혁명'의 구호를 모방하는 듯한 전향 좌파의 우경화 징후가 곳곳에서 감지된다. 기묘한 냉소와 자탄, 위기감이 태엽의 균형감각을 잃게 하고 있다.

괘종시계의 태엽을 좌우로 공평하게 감으며 나는 생각한다. 고장 난 시계는 고칠 수 있지만, 태엽이 끊긴 역사는 어찌할 것인가.

2006. 9. 21.

한 개인에게 또는 한 세대에게 의미 있는 공간으로 기억되는 특정한 장소는 객관적으로 존재하는 것이 아니라, 그 공간을 둘러싼 주관적 기억과의 관련성 속에서 상징적 의미를 확보한다. 특정한 공간이 물리적 '장소'가 아닌 의미 있는 '표상공간'으로 질적 전환되는 이유는 거기에 그 공간에서 활동했던 인간들의 기억이 집단적으로 공유되어 있기 때문이다. 공간은 이처럼 인간들의 기억을 공유하면서, 거기에 일정한 이미지와 의미내용을 부여하며, 이를 통해 특정한 표상체계로 작동한다. 그것은 마치 2002년의 월드컵 열기를 거친 세대가 서울시청 앞 광장·광화문·대학로와 같은 공간을 잡다한 이미지가 스쳐 지나가고 익명의 대중들로 가득 찬 무의미한 장소로 기억할 수 없는 것과 마찬가지다. 거리응원에 참가했던 젊은이들에게 이들 공간은 현대적 소외와 사물화의 질서가 극적으로 지양된 '친밀성의 공간'으로 표상될 것이다. 이러한 공통의 기억을 통해 특정한 공간을 둘러싼 표상체계는 질적인 의미변화를 거치게 되며, 이 공유된 표상체계가 기억을 집단화하면서 역사라고 하는 수로로 흘러들 것이다.

이른바 91년 5월 투쟁이라고 명명되는 일련의 역사적 사건에 동참했던 젊은이들에게도 그들의 집단적 기억을 자극하는 표상체계로서의 특정한 공간이 존재할 것이다. 1991년 4월 26일 명지대 경제학과 신입생이었던 강경대가 백골단의 폭력진압의 와중에 피살됨으로써 한 달여에 걸쳐 전개된 이 투쟁은 대중적 학생운동의 마지막 정점을 보여주는 동시에, 그것의 역사적 하강국면을 특징짓는 사건으로 기억된다. 당시의 서울 거리, 즉 신촌 로터리와 시청 앞 광장, 종로와 광화문으로 이어지는 공간들은 일상적인 삶의 질서로부터 비약하여 역사적 의미를 내포한 공간으로 질적 변화를 하게 된다. 그런데 이상하게도 내 기억 속에는 당시 서울 지역의 대학생들이 집단적으로 운집했던 이들 공간보다는 그동안 별다른 조명이 되지 못했던 청량리 로터리라는 공간에 대한 기억이 강렬하게 남아 있다. 서울의 부도심이라고 할 수 있을 청량리 로터리 주변은 지금까지 적극적으로 조명된 것으로 보이지는 않지만, 내 생각에는 한국적 자본주의의 기형성이 압축적으로 드러나 있는 공간이라고 판단된다.

우선 철도의 문제를 들 수 있다. 서울역을 제외하면 청량리역은 지방 거주민들의 서울로의 이주에 있어 관문의 구실을 하는 공간이다. 태백선과 영동선의 출발점이 청량리거니와, 낙후된 지역의 젊은이들이 이 관문을 통해 새로운 삶의 모색을 위해 서울로 들어온다. 철도를 제외하고 청량리를 특징지을 수 있는 것은 속칭 588로 불리는 대규모 홍등가의 존재이다. 이십대의 젊은 매춘여성들이 대규모로 밀집되어 있는 이 지역은 생존을 위해 자신의 육체를 자본과 맞바꿀 수밖에 없는 열악한 인간조건이 구조화된 공간이다. 그런데 이러한 인간조건을 공간적으로 은폐하는 또 하나의 도상학적 상징이 존재한다는 점 역시 주목할 만한 사항이다. 청량리 로터리에 거대한 풍채로 세워져 있는 롯데백화점이 그것이다. 독일의 문예학자인 발터 벤야민에 따르면 백화점이라는 공간은 물신에 대한 현혹이 왕성하게 작동되는 곳인 동시에, 현실의 고통을 은폐하는 이미지의 스펙트럼이 연속적으로 펼쳐지는 환영의 공간이기도 하다. 백화점에 진열된 찬란한 상품들을 음미하면서, 대중들은 그들의 삶을 둘러싸고 있는 남루한 일상의 질서를 순간적으로 망각하게 되며 물신화된 상품의 유혹에 시선을 집중하게 되는데, 이것은 롯데백화점이 배치되어 있는 공간적 구조에서도 확인될 수 있는 사항이다.

롯데백화점은 청량리역 광장과 이어져 있으면서, 로터리 쪽에서 보자면 588이라는 물신화된 성적 노동의 공간인 홍등가를 간단하게 은폐하고 있다. 상경하는 지방 사람들에게는 자본주의적 풍요의 환상을 서울의 최초 이미지로 제시하며, 그들이 맞부딪칠 것이 분명한 혹독하기 그지없는 노동 현실을 상상적으로 은폐하고 있다. 이 백화점 공간과 대립적인 의미를 내포하고 있는 공간은 경동시장이다. 최근에는 경동 약령시장으로 이름이 개편되어 있는 이 시장은 흔히 한약재 전문시장으로 알려져 있지만, 실제로는 농산물과 수산물 그리고 인근의 마장동에서 유입되는 축산물들이 대량으로 거래되는 동북부 물류의 중심지이다. 롯데백화점의 경우 동북부지역에 거주하는 중산층들이 소비의 주요 타깃이라면, 재래시장인 경동시장은 민중적인 소비경향이 전형적으로 드러나는 공간이다. 그래서 그런지 경동시장의 상인들을 제외하고, 이곳을 지나치거나 이곳에 거주하고 있는 사람들의 삶의 양태를 검토해보면 오늘날 중심에서 소외된 민중들을 흔히 발견할 수 있다. 성적 소수자라고 할 수 있을 하층 동성애자들의 집단적인 군락지가 있다고도 하며, 구걸로 하루하루의 일상을 살아가는 홈리스들과 알코올중독자, 앵벌이들의 모습도 손쉽게 발견된다.

흔히 간과되고 있지만 청량리 로터리를 축으로 하여, 대학들이 밀집되어 있다는 사실도 지적될 필요가 있다. 청량리에서 약간을 올라가면 고려대학교가 있고, 내려가면 서울시립대학교와 경희대학교, 그리고 한국외국어대학교가 존재한다. 서울의 신촌이라는 공간을 제외하면 종합대학들이 이처럼 특정한 공간을 중심으로 밀집되어 있는 것을 찾아보기 힘들다. 그러나 신촌이라는 공간이 일종의 대학촌적 성격을 갖는 것과는 대립적으로 청량리라는 공간을 둘러싸고 있는 대학들의 존재는 해당 공간의 표상체계의 변화에 아무런 영향을 끼치지 못하고 있다. 이들 대학들과 청량리라는 지역적 공간은 마치 낯선 타인들처럼 존재하며, 따라서 청량리라는 공간은 정치적으로는 무균질의 공간이면서, 자본주의적 소비질서에 있어서는 여타의 소비공간과 균질적인 삶의 양상을 보여주고 있다.

앞에서 간단하게 지적한 청량리의 공간적 배치에서 볼 수 있듯,

실상 이 공간은 한국적 모순이 독특하게 집약되어 있는 공간이면서, 시간의 층위에서는 근대와 전근대가 기묘하게 공생하고 있는 공간이라고 할 수 있다. 이 공간에 거주하거나 거쳐가는 사람들의 신분적·계급적 분포는 대단히 복잡하다. 주민 거주의 영역에 있어서도 삶의 명암은 대단히 뚜렷하다고 할 수 있는데, 청량리역 건너편의 대규모 아파트 단지에는 해당 지역의 중산층들이 거주하고 있고, 그 반대편 지역 그러니까 전농동으로부터 답십리에 이르는 지역들은 이른바 도시빈민이라고 할 수 있을 주민들이 거주하고 있다. 이렇듯 청량리라고 하는 공간은 한국 사회의 모순이 기형적인 형태로 집중되어 있는 지역공간이며, 때문에 이 지역에서의 지역운동의 활성화는 한국 사회를 규정짓는 제반모순과의 핵심적인 투쟁이 가능한 공간이라고 판단된다. 그럼에도 불구하고 청량리라고 하는 공간은 언제나 정치적으로 무균질의 공간이었고, 별다른 변화가 없는 한 앞으로도 그러리라는 비관적 전망으로부터 자유롭지 못하다.

그런데 1991년 5월의 투쟁이 전개되는 와중에 청량리는 한때 해방을 향한 정치적 실천의 공간으로 전화되었던 적이 있다. 전대협 산하 동부지구 총학생회 연합에 소속되어 있는 대학들이 도심 거리시위에 나서기 위해 청량리 로터리에 집결하였고, 자주 이곳을 정치적 집회의 공간으로 전유했던 것이다. 각 대학은 해당 대학에서 출정식을 가진 후에 도보로 청량리역 광장까지 행진해왔다. 청량리역 광장에 이르러 학생들과 시민들이 구호를 외치고, 거리 선전전을 전개했는데 이 와중에 전경들과의 가벼운 충돌도 있었다고 판단된다.

이러한 일련의 과정을 한 대학신문은 다음과 같이 짤막하게 보도하고 있다.

이와 더불어 지난 4일에는 〈백골단·전경 해체와 공안 통치 종식을 위한 범국민 궐기대회〉가 학생·시민 20만 명이 참석한 가운데 치러졌는데, 우리 학교 학생 300여 명은 동부지역 학생 1천여 명과 함께 청량리역에서 출발, 시청에서 집회를 가진 뒤 자진 해산했다.

-「오는 9일 범국민대회 예정 대부분 학과 동맹휴업 결의」, 서울시립대신문, 1991. 5. 9.

1991년 5월의 청량리는 일시적으로 정치적 공간으로서의 의미를 확보했다. 이것은 사소해 보이지만 실제로는 대단히 의미 있는 공간적 표상체계의 변화이다. 한국 사회의 모순이 집중된 형태로 체현된 공간이면서도, 정치적으로는 무균질성의 공간이었던 청량리가 이때에 이르러서야 비로소 일상적인 삶의 질서에서 뛰쳐나와 살아 움직이는 역사적 공간으로 자신의 이름을 남긴 것이기 때문이다.

1991년 당시 서울에서의 시위 중심 장소는 도심, 그러니까 명동과 종로, 신촌을 거점으로 한 전통적인 시위공간이었다. 그러나 전통적인 정치적 시위의 중심지인 도심지역 이외에 정치적 무풍지대라고 할 수 있는 청량리와 같은 부도심 지역이 시위공간으로 활용되면서, 91년 5월 투쟁은 그 의식적인 연대감이 확대되는 것과 동시에 정치적 공간 자체를 광범위하게 확대시키는 결과를 초래했다. 여기서 흥미로운 사실은 91년 5월 투쟁의 급진적인 해소 과정 또한 청량리라는 공간적 범주와 일정하게 연관관계를 맺고 있다는 사실일 것이다. 많은 연구자들이 지적하는 것처럼 91년 5월 투쟁을 결정적으로 약화시킨 상징적인 사건은 한국외국어대에서 돌발적으로 일어난 정원식 총리서리에 대한 학생들의 계란 투척사건이었다. 이 사건은 사태 자체만을 보면 가벼운 에피소드에 불과하지만, 매스미디어의 악의적인 왜곡과 과장보도로 그 사건의 정치적인 맥락이 희석되고 엉뚱하게도 '사제師弟 이데올로기'로 명명할 수 있을 시대착오적인 도덕적 범주로 치환되었다(당시의 언론은 학생운동 세력을 '패륜아'로 손쉽게 명명했다). 이것이 당시 서강대 박홍 총장이 남발한 '어두운 세력'의 음모론과 시인 김지하의 '죽음의 굿판' 등의 논설과 맞물리면서, 학생운동의 도덕성에 대한 상징적인 타격을 가했던 것이다.

그리고 10여 년의 세월이 흘러갔다. 강원도로 들어가기 위해 가끔 찾곤 하는 청량리는 정물화된 시간 속에 정지해 있는 공간처럼 느껴진다. 늦은 밤이면 노점상들은 남루한 행인들의 배를 채울 우동을 말고 있으며, 청량리역의 거대한 광장에는 맥도날드 햄버거 광고가 반짝거린다. 홍등가에는 여전히 주체할 길 없는 성욕을 방사하고자 하는 이름 모를 취객들로 가득하고, 앵벌이꾼과 시골에서 갓 올라온 듯한 초라한 행색의 사내가 발걸음을 재촉하고 있다. 역사의 흔적은 어디서도 찾아볼 수 없다. 어쩌면 한국 근대사에서 청량리라는 지역적 공간은 다만 상품화된 성의 추파라는 이미지로만 기억될지도 모른다. 청량리의 이러한 마뜩지 않은 이미지는 이미 이광수의 『무정』에서 예비되어 있었던 것인지도 모른다. 소설의 여주인공인 영채가 야비한 배학감에게 강간당한 곳으로 묘사된 공간이 청량리거니와, 그 공간은 다만 지나가는 행인의 시선 속에 불편한 남루와 질편한 향락의 이미지로만 남을 확률이 높다.

한 사회의 모순이 가장 집중적인 형식으로 드러난 공간이면서, 기이하게도 일체의 해방을 향한 기획으로부터는 소외되어 있고, 그러면서도 무수한 익명의 대중들이 낯선 타인처럼 거리를 활보하는 청량리의 현재처럼 91년 5월은 그 시절을 온몸으로 관통했던 지금의 젊은이들에게도 하나의 에피소드로 남은 것은 아닌가 하는 생각도 든다. 분명한 것은 특정한 기억들, 공유된 추억들, 어떤 분노와 열망의 흔적들이 기록되지 않는다면, 그것은 공기 중으로 가볍게 휘발될 수밖에 없다는 것이다. 최근 들어 문단에서는 그 시절의 주인공이었던 젊은 작가들이 서서히 10년 전의 기억들을 되살리려는 시도들이 조금씩 나타나고 있다. 김별아의 『개인적 체험』이나 김종광의 『71년생 다인이』와 같은 작품에는 91년 5월의 거리를 기억하고 있는 세대의 내면풍경이 잘 드러난다. 그러나 그 풍경은 많은 경우 부채의식이랄까 죄의식과 같은 정서적 파문과 내밀하게 관련되어 있다.

청량리의 거리를 걸으면서, 그 번다한 거리의 소음을 느끼면서, 나는 가끔 그곳에서 스크럼을 짜고 거리를 내달리는, 분노에 가득 찬 젊은이들의 함성소리를 듣게 된다. 물론 그것은 환청이다. 그런데 그 환청 속에는 예민하기만 했던 이십대의 내가 있다. 2002. 12. 1.

마음이 소금밭인데 오랜만에 도서관에 갔다

이명원 에세이 | 352쪽 | 값 13,800원

현대인의 쓰라린 내면에 던지는 '물음표(?)'와 '느낌표(!)'
칼럼니스트 이명원의 고품격 독서 에세이

평론가이자 칼럼니스트 이명원이 선택해 읽은 책 80여 권에 대한 감상을 엮은 독서 에세이. 저자는 산다는 일이 팍팍하게 느껴질 때 도서관으로 향했다. 남들이 알아줄 만큼 대단한 업적을 이룬 것도 아니고, 마을버스를 타고 '왔다리갔다리' 하면서 분주하게 책을 읽고 글을 쓰는 게 일이었다. 난민촌과 같은 작은 자취방에는 주인을 닮아 제멋대로인 '낭만파' 컴퓨터와 방 한구석에 쌓여 있어 정리할 엄두조차 나지 않는 책들뿐이다.

그에게 한 권의 책을 읽는 행위는 해명되지 않는 삶의 비밀을 풀어나가기 위한 질문이었다. 낄낄거리며 만화책을 읽다가도, '존재자' 운운하는 하이데거를 읽곤 했던 시절. 저자는 좋은 책이란 '답'을 주는 책이 아니라 '물음'을 키워주는 책이라고 말한다. 이 책에 수록된 글들은 책과 세상을 읽어나가면서 그가 던졌던 '물음표'와 '느낌표'이다.

맛깔스러운 문장, 깊은 생각, 비판과 부드러움이 동시에 흐르는 글을 따라가다 보면, 어느새 그의 이야기에 폭 빠져든다.

마음이 소금밭인데, 오랜만에 도서관에 갔다. 서가에 꽂혀 있는 오래된 책을 보면 안심이 되기 때문이다. 오래된 책들에서 나는 서늘한 냄새가 그리웠기 때문이다. 할 수 없이 제법 '오래된 인간'이 되어버린 나, 별 수 없이 '무화과'의 삶을 살고 있는 것은 아닌가 하는 불안, 그런 향기 없는 젊음의 대피소가 기껏 도서관의 지하서고였다. _저자의 말에서

타는 혀

이명원 비평집 | 412쪽 | 값 19,000원

죽은 신화에서 살아 있는 신화까지, 우리 시대의 금기를 깨다!

**이미 서른의 나이에 한국 문학계의 태두 김윤식 교수의 표절을 밝혀냄으로써
학계에 일대 파란을 몰고 왔던 이명원 교수의 문제작!**

학계 사제 카르텔 논쟁, 문단의 문학권력 논쟁, 독립적 지식인 논쟁을 불러일으
켰던 이명원 비평집. 이 책은 '후학의 임무는 선배를 밟고 넘어서는 데 있다'는
명제를 실천하듯 한국 문단의 대표적인 '거목'인 김현, 김윤식, 백낙청, 임화에
대해 집중적인 비판을 가한다. 특히 우리 문학계의 살아 있는 태두 김윤식 교수
의 표절 건을 지적하여 평단과 학계에 논쟁을 불러일으킨 문제의 논문이 수록되
어 있다.

이 책은 김현과 김윤식이라는 한국 문학비평 연구의 '황제'를 비판의 대상으로 삼았다는 점에서
각별한 관심을 끈다. 특히 김윤식 비평에 나타난 '현해탄 콤플렉스'는 김 교수의 '표절'을 들춰
냈다는 점에서 일종의 센세이션을 낳기도 한 글이다. 여기서 그는 김 교수가 일본의 평론가 가
라타니 고진의 책 『일본 근대문학의 기원』을 '표절'한 사실을 밝혀냈다. _한겨레신문

스승을 비판하지 못하는 '친위대'적인 학문 풍토, 또 스승의 약점을 보호해야 하는 제자교수, 또
이런 문제를 암묵적으로 외면하고 있는 한국 인문학계의 '침묵 카르텔'에 대한 본격적인 문제를
제기한 책이다. _문화일보

이 책의 제목을 '타는 혀'로 정한 것은 김현, 김윤식, 백낙청, 임화 등 이 책에서 논의되고 있는
비평가들이 문학과 삶의 자리에서 '타는 혀'의 날카로움과 뜨거움을 온몸으로 실천한 사람들이
었던 데서 비롯된다. _초판 서문에서

당신들의 감동은 위험하다

이정서 장편소설 | 235쪽 | 값 12,000원

가장 지적이고 치명적인 문학 스캔들!
나는 아비를 죽였다. 그래서 나는 추방당했다.
이제 나는 이방인이다. 그래서 나는 진정 행복하다······

'설마 김윤식 교수가 그럴 리가 있나.' 이 소설은 평생을 한국 문학에 몸바쳐온
국문학의 태두 김윤식 교수와, 그의 표절을 밝힌 대학원생 이인서의 이야기를
다루고 있다. 한국에서 교수와 대학원생의 관계는 장인-도제 관계와 유사하다.
한 명의 대학자와 그 밑에서 수학한 제자들 사이의 끈끈한 커넥션은 '선학'이 쌓
아온 학문적 공로에 흠집을 내는 것을 금기시하는 배타적 속성으로 나타난다.
그렇기에 엄연한 학문적 범죄행위이자 지적 사기인 김윤식 교수의 표절에 대해,
새파란 후학인 이인서가 이를 지적하는 것은 건전한 지성의 고백이 아닌 '치기'
와 '객기'로 치부된다. "자네가 그런 식으로 나오면 나 역시 자네를 제도적으로
매장시킬 수밖에 없어." 결국 이인서는 '금기를 건드린 죄'로 대학교에서 추방당
하기에 이른다.
『당신들의 감동은 위험하다』는 후학이 선학에게 문제제기를 할 수 없게 만드는
한국 사회의 병폐를 지적하는 동시에, 김화영 번역 『이방인』을 현실에서 정면으
로 비판한 작가 이정서의 실천의지가 '이명원 사태'에서 비롯되었음을 알 수 있
는 소설이다. 후학들의 비판적 문제 제기와 자율성이 국문학자 김윤식으로 대표
되는 대학자 한 명의 학문적 권위에 얼마나 억압받는지를 보게 될 것이다.

이방인

알베르 카뮈 지음 | 이정서 옮김

우리가 읽은 『이방인』은 카뮈의 『이방인』이 아니다!
불문학 최고 권위자, 김화영 교수의 번역이 틀렸다?
25년을 속아온 번역의 비밀, 이제 진실이 모습을 드러낸다!

전 세계 101개국에서 번역되어 세계인의 베스트셀러로 읽혀온 알베르 카뮈의 『이방인』. 그러나 우리나라에서만 유독 '이해할 수 없다', '어렵다'는 이유로 사람들의 외면을 받았다. 이것이 잘못된 번역 때문임을 국내의 수많은 불문학자들이 몰랐을 리 없다. 마땅히 이를 지적했어야 할 불문학자들은 '도제 시스템' 속에서 김화영이라는 대학자를 거스를 수 없었을 뿐이다. 아니, 오히려 이 문제를 감싸기에 급급했다. 역자는 '동양적 합리성'으로 포장된 비합리적 행태를 보며 『벌거숭이 임금님』을 떠올렸다. 그리고 이를 바로잡기 위해서 김화영 번역의 문제점을 낱낱이 지적하는 글을 블로그(saeumbook.tistory.com)에 연재했고, 마침내 새로운 번역의 『이방인』이 탄생했다.

"잘된 소설은 모든 것을 다 말하지 않는다. 독자로 하여금 그걸 스스로 느끼게 한다. 좋은 작가는 그런 구성과 문장을 위해 기꺼이 고뇌하는 것이다. 그런 세세한 부분까지 못 느낀다고 해도 상관은 없다. 그러나 카뮈 정도의 작가라면 적어도 그런 고뇌가 없었을 리 없다. 김화영의 번역이 엉터리라는 것은 그런 이유에서이기도 하다. 저렇게 직접적으로 말하는 것은 중학교 수준의 작문에서나 통하는 일이다. 더불어 독자라면 모르고 지나갈 수도 있겠지만 제2의 저자라고도 할 수 있는 역자라면 적어도 원저자의 의도를 이해한 바탕 위에서 의역을 해도 해야 하는 것이 아닐까." _역자 노트에서

빠리의 기자들

고종석 장편소설 | 400쪽 | 값 13,800원

지적인 수다와 지독한 사랑, 그리고 '빠리'

파리에서 기자로 산다는 것, 일한다는 것, 사랑한다는 것!
"그때 그 순간 삶은 살아갈 만한 그 무엇이었고, 사랑할 만한 그 무엇이었다!"

한민일보 장인철 기자는 야근을 지겨워하던 서울에서의 삶을 벗어나 난생처음 프랑스 파리에서 살게 된다. 세계 각국의 기자들이 모인 '유럽의 기자들' 프로그램에 참가하게 된 것이다. 그들의 이름은 모두 같았다. 저널리스트, 그리고 파리의 이방인. 값싸다고도 말할 수 있는 센티멘털리즘과 멜랑콜리가 그곳에는 있었다. 그 센티멘털리즘과 멜랑콜리의 힘으로 함께 술을 마셨고, 노래를 불렀고, 춤을 췄고, 뽀뽀를 했고, 울었고, 싸웠고, 화해했다. 그리고 일했다. 남의 삶을 엿보고 싶어 하는 호기심, 되도록 많은 사람에게 알리고 싶어 하는 광고 충동, 끊임없이 기록하는 습관…… 기자의 운명을 열렬히 받아들였던 그들은 '진짜' 기자였다.

그리고 그곳에서 장인철은 한 여자를 만났다. 언론인 연수 센터에 들어서던 첫날, 친절하게 인철을 안내해 주던 여자. 오렌지 빛 외투, 큰 키, 어깨까지 내려오는 금발, 바다를 담은 듯한 눈동자…… 헝가리에서 온 동료 기자 주잔나 셀레슈였다. 나란히 서서 함께 파리의 밤을 응시하던 인철과 주잔나, 그들 사이의 감정은 무엇이었을까?

독고준

고종석 장편소설 | 412쪽 | 값 13,800원

'회색인 독고준' 그가 돌아왔다!
당대 최고의 문장가 고종석의 감각적 소설

노무현 대통령이 죽던 날, 유명 소설가였던 나의 아버지가 자살했다.
아버지의 일기를 다 읽고 나면 그가 왜 스스로 목숨을 끊었는지 알 수 있을까?

2009년 5월 23일 노무현 대통령이 죽던 날, '관념소설'을 쓰며 '회색인'이라 불렸던 유명 소설가 독고준 역시 스스로 목숨을 끊는다. 그 후 1년 뒤, 그의 딸 독고원은 47년간 계속된 아버지의 일기를 발견한다. 1960년 4·19혁명에서 2007년 12월 19일 대통령 선거일까지, 아버지의 삶과 문학이 고스란히 담긴 회색일기에 레즈비언인 딸 독고원이 자신의 삶을 포갰다.

선배 작가 최인훈의 장편 『회색인』과 『서유기』에 바치는 오마주와 같은 소설. 고종석의 유려하고 섬세한 산문을 사랑하는 독자라면 각별한 독서의 즐거움을 맛볼 수 있을 법하다. _한겨레신문

이 시대 한국 사회를 적나라하게 드러낸다. 정치인과 문인 등 현실 속 이름과 역할을 그대로 재현하는 등장인물들에 대한 구체적인 서사는 현실의 기록인 듯한 착각을 일으킬 만큼 세밀하다. _연합뉴스

최인훈이 낳고, 고종석이 되살린 소설 『독고준』. 소설 속 독고준과 독고원의 관념을 통해 작가는 현대사나 사회문제에 대한 자신의 이해와 함께 개인주의적이고 자유주의적인 지향을 유감없이 드러내고 있다. _문화일보

언문세설

고종석 산문 | 268쪽 | 값 13,800원

타협하지 않는 문장가 고종석의
한글 자모 24개에 관한 발랄하고 진지한 기록
**"모국어는 내 감옥이다. 오래도록 나는 그 감옥 속을 어슬렁거렸다.
행복한 산책이었다. 이 책은 그 산책의 기록이다."**

『언문세설』은 오직 고종석이어서 쓸 수 있는 우리말에 관한 가장 기본적인 에세이라 할 수 있겠다. 각 장에서는 해당 자음 혹은 모음의 이름과 기원, 소리와 그 느낌, 규칙과 활용, 비슷한 단어의 미묘한 차이, 관련하여 인상적인 시 등이 담겼다. 그래서 이 책은 고종석이 쓴 한글에 대한 사전이자 그가 즐긴 한글 스물넉 자와의 놀이다.

한글에 대한 애정과 해박한 지식이 담겨 있는 고종석의 문장은 정답고 정갈하다. 그리하여 아름답기까지 하다. 한글의 우수성이 고종석의 산문에서 더욱 빛을 발하는 것이다. 한글에 대해 언어학자 게리 레드야드는 "글자 모양과 기능을 관련시킨다는 아이디어와 그 아이디어를 실현한 방식에 정말이지 경탄을 금할 수 없다. 한글은 견줄 데 없는 문자학적 호사다"와 같은 말로 찬탄하기도 했다. 한글을 향한 고종석의 애정이나 레드야드의 찬탄이 실속 없는 빈말이 아니라는 것은 이 책을 읽으면 알 수 있을 것이다.